Por qué
fallan
los equipos

DIRECTOR DE LA COLECCIÓN
Ernesto Gore

EDICIÓN ORIGINAL
Jossey Bass Inc. Publishers

TÍTULO ORIGINAL
Why teams don't work

TRADUCCIÓN
Adriana Oklander

DISEÑO DE TAPA Y MAQUETACIÓN DE INTERIORES
Sergio Manela

HARVEY ROBINS, PH. D. / MICHAEL FINLEY

Por qué fallan los equipos

Los problemas y cómo corregirlos

GRANICA

BUENOS AIRES - BARCELONA - MÉXICO - SANTIAGO - MONTEVIDEO

ARGENTINA
Ediciones Granica S.A.
Lavalle 1634 3º G / C1048AAN Buenos Aires, Argentina
Tel.: +54 (11) 4374-1456 Fax: +54 (11) 4373-0669
granica.ar@granicaeditor.com - atencionaempresas@granicaeditor.co
MÉXICO
Ediciones Granica México S.A. de C.V.
Valle de Bravo Nº 21 El Mirador Naucalpan - Edo. de Méx.
53050 Estado de México - México
Tel.: +52 (55) 5360-1010 Fax: +52 (55) 5360-1100
granica.mx@granicaeditor.com
URUGUAY
Ediciones Granica S.A.
Scoseria 2639 Bis - 11300 Montevideo, Uruguay
Tel.: +59 (82) 712 4857 / +59 (82) 712 4858
granica.uy@granicaeditor.com
CHILE
granica.cl@granicaeditor.com
Tel.: +56 2 8107455
ESPAÑA
granica.es@granicaeditor.com
Tel.: +34 (93) 635 4120

www.granicaeditor.com

Esta edición se publica por acuerdo con el editor original,
Jossey-Bass, Inc., Publishers

ISBN 978-950-641-486-3

Hecho el depósito que marca la ley 11.723

Impreso en Argentina. *Printed in Argentina*

Robbins, Harvey
   Por qué fallan los equipos : los problemas y cómo corre-
girlos / Harvey Robbins y Michael Finley. - 1a ed. 2a.
reimp. - Buenos Aires : Granica, 2012.
   292 p. ; 22x15 cm.

   Traducido por: Adriana Oklander
   ISBN 978-950-641-486-3

   1. Management. I. Finley, Michael II. Adriana Oklander,
trad. III. Título
   CDD 658.409 1

ÍNDICE

AGRADECIMIENTOS

Queremos agradecer a todos los grandes profesionales de Peterson's Pacesetter Books, quienes nos alentaron a crear "el primer libro de segunda generación sobre grupos de trabajo". Específicamente, a nuestra editora Andrea Pedolsky, con quien barajamos ideas durante cuatro horas sólo para dar con el *título* de este libro, y quien reconstruyó nuestros frágiles egos con cada conversación telefónica. Andrea ha sido la tercera integrante de nuestro equipo. Éste también incluye –pero no se limita a– Martha Kemplin, Bernadette Boylan y Gary Rozmierski.

Harvey quiere agradecer a todos los equipos con quienes ha trabajado a lo largo de los años en sus empresas clientas: Honeywell, 3M, Toro Co., IDS, CHQ y otras organizaciones. Las personas que conoció allí son los héroes de este libro, los pioneros del trabajo en equipo que nos enseñaron mucho con las duras lecciones que tuvieron que aprender.

Mike quiere agradecer a The Masters Forum, el programa de educación ejecutiva Twin Cities con el que ha colaborado, entrevistando a muchos de los disertantes y autores que han hecho visitas y presentaciones. Gran parte de los conocimientos que Mike aporta a este libro provienen de las ideas de estos grandes maestros.

Y ambos queremos agradecer a Nancy y a Rachel, nuestras compañeras de equipo de la vida real, por soportar las sesiones de trabajo hasta altas horas de la noche y las pilas de hojas sueltas amontonadas sobre todas las mesas.

Probablemente también deberíamos dar las gracias a algunas otras esposas, por prestarnos generosamente a sus maridos. Gracias, Nancy. Gracias, Rachel.

También agradecemos al Highland Grill de St. Paul, escenario de muchos fantásticos desayunos de trabajo, cuyos panecillos crocantes son para morir.

INTRODUCCIÓN

Entre nosotros, los dos coautores, llamamos a este proyecto como "el primer libro de segunda generación sobre grupos de trabajo".

¿Qué quiere decir eso? Significa que en la década pasada se han escrito varios buenos libros sobre el tema. A través de todo el mundo, las organizaciones han estado intentando que la promesa de mayor eficiencia, flexibilidad y productividad se volviera realidad.

Pero no ha sido así. El equipo soñado, el descripto en los textos de la primera generación, pareció fuera del alcance de casi todas las compañías. ¿Se trataba sólo de un montón de palabras bonitas, o existen medidas que pueden tomar las compañías para hacer que la promesa se cumpla?

Este libro responde a esa pregunta. Sí, hay unos cuantos disparates bien intencionados en esos libros. Pero fundamentalmente, también existen cosas que los managers, supervisores y líderes pueden hacer para sintonizar mejor los equipos.

Este es un libro práctico. En él damos respuestas realistas a las dudas más generales, señalamos los obstáculos y ofrecemos las medidas para superarlos. Pero también hay un persistente meollo filosófico presente en estas páginas.

Es la tesis simple, sorprendente y optimista de que la gente desea trabajar junta en forma efectiva. La mayoría de nosotros ansiamos jugar en equipo.

¿Por qué resulta sorprendente? Mire a su alrededor, a derecha y a izquierda: las personas no trabajan bien juntas. Los integrantes de grupos están confundidos, mal dirigidos, ignoran lo que deben hacer y con frecuencia sienten bastante ira. La gente ni siquiera rinde su potencial promedio. Los líderes no lideran. Las mismas organizaciones, pirámides de equipos laborales, son cáscaras vulnerables. El "equipo soñado" no se ve por ninguna parte; esa aceitada maquinaria de perfecta claridad y ejecución se encuentra a años luz de las personas con quienes trabajamos.

El equipo soñado está allá arriba, en un mundo ideal: no más de un error o dos por milenio. Virtualmente sin variaciones. Mientras tanto, aquí en la tierra somos variables como todos. Es la naturaleza humana. Tras tantos siglos de luchar unos contra otros, de mirarnos con desconfianza y de malinterpretar casi todo lo que la gente nos dice, ya deberíamos haber entendido que somos todos distintos y entendemos las cosas de manera diferente, y que por lo tanto siempre nos comunicamos mal.

Pero no es así. Aunque sea una locura, tenemos una tendencia natural a suponer lo contrario: que todos compartimos los mismos valores y que, automáticamente, nuestro equipo coincidirá sobre cualquier cuestión. Pero los valores colisionan. También lo hacen los estilos. Y la comunicación se hace cenizas.

El equipo ideal, aquel sobre el cual los libros de primera generación entonaron rapsodias, es un milagro de eficiencia autónoma y multifuncional. Comparte conocimientos y crea soluciones. Reduce los costes. Mantiene una estrecha relación con el cliente.

Comparados con ese superequipo, los nuestros son un desecho lamentable, un nido de ratas. Carentes de conducción. Paralizados. Desorientados. Diez años después de que El Equipo se puso de moda en el mundo de los negocios, miles de organizaciones querrían renunciar a la idea... si tan sólo pudieran.

Este libro procura ofrecer herramientas e ideas para que integrantes y líderes vuelvan a encarrilar sus maltrechos equipos, para que hablen entre ellos y se entusiasmen nuevamente con sus respectivas misiones. No es una ciencia tan compleja. (En lo que a este tema se refiere, incluso los equipos científicos de Cabo Cañaveral se enredan en los mismos nudos marineros que los grupos de su organización.) Prácticamente cualquier equipo es capaz de dar vuelta su situación si tan sólo identifica lo que lo tiene cabeza abajo y logra desengancharse.

Pensamos en titular este libro *Regresar*. Regresar al optimismo y la cooperación originales –características que casi todos poseemos– deshaciendo toda la confusión que se interpone en el camino del éxito de los equipos. El del regreso es un concepto simple, pero demanda trabajo y mucha concentración. Requiere que "desaprendamos" una tonelada de malos hábitos, presupuestos, políticas y procedimientos.

Hay personas que no lo lograrán. Han invertido demasiado en el modo de ser de las cosas, o simplemente no serán capaces de realizar la transformación. Pero aquellos que acepten el desafío de una larga travesía, pueden pasar y ajustarse las correas. Con un poco de evaluación y la voluntad de enfrentar los duros hechos humanos, su equipo logrará levantarse, sacudirse el polvo y volver a subirse al caballo.

Parte uno

Sueños rotos,
equipos rotos

CAPÍTULO 1

LA IDEA DEL EQUIPO
Todos reunidos

Diez años atrás la gente no hablaba de equipos. Éstos existían, pero eran grupos convencionales, "silos" limitados a una función: contabilidad, finanzas, producción, publicidad, compuestos por especialistas. Pero desde entonces se ha producido una revolución. El grupo silo convencional sigue existiendo, pero ha sido desplazado por innumerables variantes.

El mundo está atestado de equipos. Los hay laborales, de proyectos, de apoyo al cliente, de proveedores, de planificación y de calidad. Existen equipos funcionales y multifuncionales. Comités, fuerzas operativas, grupos de orientación. Equipos planos y jerárquicos. De asesoría y de acción. Con una estructura y un estatuto, o formados con un propósito determinado para hacer algo y luego desaparecer. Hay equipos de directivos y de soldados rasos. Con líder y sin líder. Equipos que conviven y otros cuyos integrantes nunca se ven la cara. Equipos de dos o incluso una persona, y equipos formados por la inconcebible cantidad de 20.000 participantes.

Cada clase tiene su propio potencial para fracasar.

Por más simple y cotidiana que sea, la propia palabra *equipo* ha adquirido connotaciones atractivas:

- Las tapas de las revistas elogian a los equipos directivos e inversores más sagaces.
- Los equipos deportivos profesionales venden por 20, 40 o incluso 60 veces su valor contable.
- Los Equipos Soñados I y II, formados por los principales jugadores profesionales de la Asociación Nacional de Baloncesto, derrotan a sus contrapartes olímpicas de Uruguay, Lichtenstein y Papúa Nueva Guinea.
- Piense en los famosos programas de televisión basados en equipos. *Viaje a las estrellas, Los ángeles de Charlie.* El encanto de muchos de ellos estaba en las personalidades incluidas en los equipos de trabajo: *Mary Tyler Moore, Murphy Brown, Los intocables.*
- También está esa serie maravillosa, *Misión imposible.* Ellos eran el equipo multifuncional máximo: variado, brillante, autoliderado, atractivo, y el tema musical de la serie era estupendo.

Entonces ¿por qué de pronto todo el mundo parece formado por equipos? En el largo curso de la historia, ésta ha sido la forma normal de hacer las cosas. Han sido un componente clave de la realidad organizativa, desde el mismo nacimiento de las organizaciones. En los tiempos de Hammurabi, los equipos ya eran antiguos.

Una granja familiar, una ferretería, un aserradero, una escuela o un pelotón del ejército, todos tenían que operar en equipo. Por lo general alguien era designado como líder, y todos los demás realizaban tareas acordes con sus capacidades. Durante cien mil años, el mundo funcionó en base a equipos. Éstos constituyen la unidad natural para la actividad humana a pequeña escala.

Por supuesto que la trampa está en esto de "a pequeña escala". Con la Revolución Industrial que se inició en el siglo XVIII y que arrasó el planeta, el modelo habitual de muchas actividades se transformó drásticamente. El montaje masivo de maquinarias y las técnicas desarrolladas a principios del siglo XX hicieron que, en una fábrica, un solo hombre, mujer o incluso niño pudiese ser diez veces más productivo que su equivalente artesanal.

La Era Industrial alcanzó su cima con el desarrollo del management científico. Esta teoría, propuesta por el norteamericano Frederick Taylor, procuraba optimizar la productividad de las organizaciones asignando tareas insignificantes a los miembros individuales. Los jefes eran jefes. Debajo de ellos estaban las filas de gerentes. Más abajo había innumerables supervisores. Y más abajo, en la base de la pirámide organizativa, las multitudes de trabajadores, cada uno de los cuales se ocupaba de una tarea simple como ajustar un tornillo, colocar una manguera o sellar un documento.

El management científico fue el sistema que engendró la frase "un engranaje en la maquinaria". En muchos sentidos, fue la maravilla del mundo. River Rouge, la planta de Henry Ford en Detroit, fue un prodigioso monumento de seis kilómetros de largo al management científico. El gobierno de los Estados Unidos era igualmente prodigioso. Su inmensa burocracia federal también fue una forma de management científico. Dividió una gran organización en una colección casi infinita de tareas. La jerarquía era muy empinada y profunda, desde el empleado que clasificaba las solicitudes en la Oficina de patentes de los Estados Unidos hasta llegar a su jefe máximo, el presidente de la nación.

La burocracia y la línea de montaje fueron etapas de orientación tecnológica en la evolución organizativa. Las máquinas permitieron a las compañías hacer más, y se incorporaron más personas para realizar las tareas. En la base de la pirámide solían estar las personas sin educación: operarios de las fábricas, inmigrantes o peones de campo que habían perdido su trabajo por los avances tecnológicos (segadoras, segadoras-trilladoras, arado a vapor, etc.). Trabajar por 30 centavos la hora parecía un buen trato por la simple tarea de ajustar tornillos de $9/16$ pulgadas 2 $3/4$ vueltas en el sentido de las agujas del reloj, una y otra y otra vez.

La tecnología impulsó aún más la era de las máquinas con el desarrollo de los ordenadores comerciales en los años '50. De pronto, las grandes compañías pudieron realizar tareas contables –facturación, compras, creación de catálogos, planillas de pagos, etc.– que hubiesen resultado inconcebibles incluso con el auge de las grandes compañías durante los años '20.

Apoyadas por el poderío de Univac e IBM, las grandes compañías se convirtieron en megacompañías. Sutilmente, el énfasis comenzó a apartarse del personal fabril sin instrucción para pasar a los grupos profesionales y funcionales de buena educación: personas capacitadas en ingeniería, finanzas, distribución e incluso en la propia tecnología.

Una mirada a una gran compañía de los años '60 podría decirle todo lo que necesite saber sobre la evolución de los equipos. Entonces estaban casi extintos, con excepción de los grupos de profesionales reunidos por sus capacidades funcionales: equipos contables, de diseño y de servicios de información.

Entonces, por supuesto, reventó la burbuja de la prosperidad norteamericana de postguerra. Las corporaciones se habían vuelto tan enormes que perdieron todo contacto con sus clientes. Nadie pedía que los trabajadores contribuyesen con sus conocimientos a incrementar la capacidad de una organización para competir o ganar dinero. Una profunda trinchera separaba a los directivos de los operarios; el management era el cerebro de una operación, y los obreros eran el músculo, nada más.

Las relaciones laborales se habían convertido en una de dos cosas, ambas igualmente malas: adversas al extremo de generar una guerra interna, o complacientes al extremo de la indiferencia. La principal misión de las primeras –como por ejemplo U.S. Steel– parecía ser la opresión de los trabajadores. El cometido de las compañías complacientes como General Motors era trabajar con la mano de obra para fabricar más coches grandes y rentables. Directivos y obreros mojaban el pan en la salsa, pero el cliente no figuraba en ninguna parte.

El mundo, que al terminar la Segunda Guerra Mundial estaba en ruinas, fue reconstruido con rapidez y se volvió tremendamente competitivo. Japón, Alemania y otros países experimentaban con nuevos modelos para las grandes organizaciones. Su éxito a expensas de Estados Unidos fue como una llamada de alerta. El motor norteamericano de la prosperidad –enormes fábricas, uso reducido de la mano de obra, integración vertical y control de la información– se quedó sin combustible en forma oficial.

El nuevo motor pondría cabeza abajo la pirámide y volvería a colocar el foco en la olvidada unidad básica de las operaciones: el grupo de trabajo o equipo.

¿Qué es un equipo?

Un equipo se define fácilmente. Son *personas que hacen algo juntas*. Podría tratarse de un equipo de hockey en un *power play*; un grupo de investigación desenmarañando un enigma intelectual; un equipo de rescate que salva a un niño de un edificio en llamas; o una familia que se gana la vida.

Lo que forma un equipo no es el *algo* que hace, sino el hecho de hacer las cosas *juntos*.

En gran medida, Japón se abalanzó sobre Norteamérica debido a su ética de equipo. Al final de la guerra no poseía recursos naturales envidiables, infraestructura moderna, dinero ni ordenadores. Lo que sí tenía era personas motivadas con una disposición cultural para trabajar juntas, además de la visión y la paciencia para diseñar una estrategia y ponerla en práctica.

Durante los años '70, la noticia del nuevo enfoque utilizado por los japoneses cruzó el Océano Pacífico. En lugar de pedir lo mínimo a los trabajadores –ajustar esos tornillos de $9/16$ pulgadas 2 $3/4$ vueltas en el sentido de las agujas del reloj, una y otra y otra vez–, los japoneses pedían lo máximo. En cada función y nivel, los obreros eran incorporados al equipo de la compañía. Y la misión de ese equipo era la mejora continua de los procesos. Ninguna idea era demasiado insignificante, y tampoco ningún trabajador. Todos participaban.

Wm. Edwards Deming, el estadístico norteamericano que, en 1950, ayudó a Japón a volver a ponerse en pie, contribuyó con algunos conceptos clave a la idea japonesa de mejora continua, o *kaizen*. Fundamentalmente, incluía la noción de que las personas, aun los empleados de tiendas o los recolectores de tomates en el campo, eran seres humanos. Años después de su regreso a los Estados Unidos, habiendo recibido los más altos honores de Japón, un conocido nuestro le preguntó qué le habían enseñado los japoneses *a él*. Deming estaba cenando y ni siquiera levantó la vista del plato para responder. "Que las personas son importantes", dijo.

Por qué son buenos los equipos

Las razones que han llevado a las organizaciones a adoptar el sistema de equipos han sido explicadas muchas veces y en varios lugares. Para resumir estas ventajas:

= *Los equipos aumentan la productividad.* Los equipos no están excluidos del pensamiento empresario de la compañía a la que pertenecen. Como participantes, más cercanos a la acción y al cliente, pueden apreciar mejor que el management convencional las oportunidades para mejorar la eficiencia. Las organizaciones que sólo han considerado a los equipos como una estrategia para reducir los costes no se han visto decepcionadas.

= *Los equipos mejoran la comunicación.* En un buen equipo, los miembros tienen participación en su propio éxito. El grupo intensifica la concentración en la tarea que se realiza. Se ocupa de compartir información y delegar el trabajo.

= Los equipos realizan trabajos que los grupos corrientes no pueden hacer. Cuando una tarea es de naturaleza multifuncional, no existe individuo, personal o funcionarios capaces de competir con un equipo formado por miembros versátiles. En ello hay demasiado como para que una persona o una disciplina lo sepa todo.

= *Los equipos aprovechan mejor los recursos.* Permiten que una organización concentre su recurso más importante –su capacidad intelectual– en el tratamiento directo de los problemas. El equipo es la idea oportuna aplicada a la estructura organizativa, el principio donde nada se desperdicia.

= *Los equipos son más creativos y eficientes para resolver los problemas.* El sistema es mejor por muchas razones: el grupo está motivado, se encuentra más cerca del cliente y combina múltiples perspectivas. Resultado: se conoce mejor la longitud, profundidad y la amplitud de una organización que en una jerarquía piramidal.

= *Los equipos generan decisiones de alta calidad.* Un buen liderazgo se basa en el conocimiento. La esencia de la idea de los equipos es el conocimiento común y su inmediata conversión en liderazgo compartido.

= *Los equipos generan bienes y servicios de mejor calidad.* El círculo de claridad fue una temprana expresión de la idea de que, en este terreno, las mejoras requieren las contribuciones y energías de todos. Los equipos incrementan el conocimiento y, aplicado en el momento indicado, éste resulta clave para la mejora continua.

= *Los equipos generan una mejora en los procesos.* Los procesos ocurren en las diversas funciones. Sólo un equipo que encuadra todas las funciones que contribuyen a un proceso puede comprender lo que ocurre y eliminar los obstáculos, acelerar los ciclos y aplicar la energía organizativa donde el cliente más lo necesita.

= *Los equipos contribuyen a diferenciar y a la vez a integrar.* Este enunciado necesita un poco de explicación. Las organizaciones actuales quieren reducir su tamaño y trabajar con más eficacia, pero están preocupadas por la fragmentación que se produce con casi todas las reducciones. Los equipos permiten mezclar a las personas con las distintas clases de conocimiento, sin las diferencias que rompen el tejido de la organización.

Esta lista parece salida de la biblia de los equipos. El hecho es que, al menos intelectualmente, muchas organizaciones han cambiado de la jerarquía piramidal al ideal de equipo, *y no han experimentado la dicha organizativa que habían esperado.*

Han probado el sistema de equipos, y lo han visto fracasar. Sí, la compañía ahorró dinero al eliminar o combinar tareas consideradas innecesarias: productividad mediante reducción de personal. Pero la comunicación, la calidad y las verdaderas ganancias productivas siguen siendo esquivas. Y ahora esas compañías se preguntan: ¿la idea de los equipos no fue más que otra moda frenética, por más que se haya prolongado bastante? ¿Es hora de volver a enganchar los arneses y reconstruir la pirámide de la burocracia?

La respuesta es que la única alternativa está en sumergirse más profundo aún en la experiencia de equipo. El viejo sistema era demasiado caro. Cualquier compañía que sienta la tentación de regresar sabe que deberá enfrentar el desperdicio y los costes que, en las viejas organizaciones, contribuyeron a la calamidad competitiva.

Más bien, la respuesta está en averiguar por qué los equipos no han funcionado, cambiando nuestras organizaciones y expectativas para permitir que estos grupos de trabajo logren su considerable potencial.

Dónde estuvo el error

Volvamos a nuestra lección de historia. Hasta donde supimos, los equipos eran considerados el mejor descubrimiento después de los pantalones sin cinturón. Al llegar a este punto, apareció una bifurcación en el camino. Las compañías llegaron a ella y, dependiendo de sus culturas corporativas, viraron a la derecha o a la izquierda.

Las dos direcciones han sido muy bien resumidas por el estratega global Gary Hamel, quien dice que existen dos "orientaciones" corporativas básicas. Éstas corresponden a los números por encima y por debajo de la línea en cualquier fracción:

$$\frac{3}{4}$$

Por qué fallan los equipos
No existe una sola razón

PROBLEMA	SÍNTOMA	SOLUCIÓN
Necesidades desparejas	Personas con agendas privadas que persiguen objetivos antagónicos.	Lograr que las agendas ocultas salgan a la luz preguntando a la gente lo que quiere, en forma personal, del equipo.
Metas confusas, objetivos atropellados	Personas que no saben lo que se espera de ellas, o que no entienden el sentido de lo que hacen.	Clarificar el motivo por el cual existe el equipo; definir su objetivo y los resultados que se esperan de él.
Roles poco claros	Los miembros del equipo no saben con certeza cuál es su trabajo.	Informar a los miembros del equipo lo que se espera de ellos.
Mala toma de decisiones	Los equipos pueden estar tomando las decisiones correctas, pero en la forma equivocada.	Elegir un enfoque para tomar decisiones que sea apropiado en cada caso.
Malas políticas, procedimientos estúpidos	El equipo está a merced de un pésimo manual para empleados.	Desechar el manual y usar el sentido común.
Conflictos de personalidad	Los miembros del equipo no se llevan bien.	Averiguar qué esperan los miembros unos de otros, qué prefieren, en qué difieren. Empezar a valorar y a utilizar las diferencias.
Mal liderazgo	El liderazgo es indeciso, incoherente o estúpido.	El líder debe aprender a servir al equipo, manteniendo viva su visión, o delegar el liderazgo en otra persona.

Por qué fallan los equipos
No existe una sola razón

PROBLEMA	SÍNTOMA	SOLUCIÓN
Visión borrosa	El liderazgo acusa al equipo por los malos resultados.	Conseguir una visión mejor o irse.
Cultura antiequipos	La organización no está verdaderamente comprometida con el trabajo en equipo.	Reunir a la gente por los motivos apropiados o directamente no hacerlo; nunca obligar a la gente a trabajar en equipo.
Feedback e información insuficientes	El desempeño no está siendo evaluado; los miembros del equipo tantean en la oscuridad.	Crear sistemas para permitir el libre flujo de información desde el equipo y hacia el mismo.
Sistema de recompensas mal concebido	La gente está siendo premiada por motivos equivocados.	Diseñar recompensas que generen seguridad entre la gente; premiar tanto el trabajo en equipo como las conductas individuales.
Falta de confianza en el equipo	El equipo no es tal porque sus miembros son incapaces de comprometerse con él.	Dejar de ser indigno de confianza. De otro modo dispersar o reformar el equipo.
Resistencia al cambio	El equipo sabe qué debe hacer, pero no lo hace.	Averiguar cuál es el obstáculo; usar dinamita o vaselina para eliminarlo.
Herramientas equivocadas	El equipo ha sido enviado a pelear la guerra con una honda.	Dotar al equipo de los instrumentos apropiados para sus tareas, o permitir la libertad para que la gente sea creativa.

El número de arriba, el numerador, es el potencial de una compañía en lo que se refiere a crecimiento, expansión, principales capacidades, nuevos productos, nuevos mercados: los beneficios que se obtienen a partir del "hacer". El número de abajo, el denominador, representa métodos como contención de costes, reducción, achatamiento, aplazamientos, despidos: los beneficios en los papeles.

Las compañías numerador alimentan la visión de estar creando algo fantástico y nuevo, algo que no existía antes. Las compañías denominador mantienen una perspectiva más limitada, una imagen de mercados maduros que nunca pueden expandirse. Las compañías numerador llegan a la bifurcación del camino y dicen: "¡Ajá... podemos utilizar los equipos para fomentar el crecimiento!" Las compañías denominador llegan al mismo cruce y dicen: "¡Ajá... podemos usar la idea de los equipos para recortar la mano de obra!"[1]

Si lo que ve aquí es una fábula del bueno y el malo, es probable que deba desechar la idea. Ambos enfoques son legítimos, tanto el del numerador como el del denominador. En realidad, las compañías adoptan ambos todo el tiempo, aunque quizás se inclinen más hacia uno u otro. Las compañías que reducen al máximo los costes no son malvadas o mal intencionadas. La perspectiva es defendible en términos de la competencia que uno debe enfrentar, de las expectativas de los accionistas y de las personalidades y experiencias de los directivos superiores.

No obstante, cuando llegaron a la bifurcación en el camino y decidieron usar a los equipos fundamentalmente como táctica para reducir los costes, se condenaron al fracaso. No hay equipo que prospere cuando queda librado a sus propios recursos. Un equipo no es una gallina de los huevos

[1] Gary Hamel y C. K. Prahalad, Competing for the Future (Cambridge: Harvard Business School Press), 1994].

de oro, a la cual se puede sacrificar para obtener el único huevo que crece en su interior. No es un "recurso" para ahorrar dinero. Un equipo no es ninguna clase de recurso.

Es mucho más que eso: es una *cuestión* humana sorprendente, extraordinaria, tragicómica y generadora de valores. Una cuestión que requiere una tonelada de atención. Que tiene que ser mimada, alimentada, acariciada y que, cada tanto, necesita una buena limpieza.

Los equipos tienen el potencial para hacer mucho más que arrancar el máximo valor a un dinero estrechamente controlado. Cuando fallan, suele ser porque la organización que los emplea los ha llevado por "el camino más transitado", porque recurrió a ellos para recortar el management intermedio sin brindarles la atención, las herramientas, la visión, las recompensas o la claridad que necesitan para funcionar bien.

Este libro trata sobre lo que puede hacer una compañía para desandar el camino y volver a esa bifurcación crucial, volviendo a concebir los equipos desde cero.

Las compañías que adoptan la orientación del numerador o del crecimiento no tienen que renunciar a la idea de obtener beneficios. Muy por el contrario: existen historias increíbles de crecimiento en compañías cuyos directivos superiores se apartaron del trance mecánico y básico de lograr un 9 por ciento de ganancia sobre la inversión ("¡No preguntes cómo logramos el 9 por ciento, sólo hazlo!"), y en lugar de ello se concentraron en los procesos de equipo que son el semillero para la verdadera expansión del mercado.

Al ocuparse de los procesos de equipo –eliminar desperdicios y demoras, modernizar el trabajo, reclutar el genio y el entusiasmo de la gente y generar una poderosa visión que satisfaga las necesidades de todos– las cosas comenzarán a marchar por sí mismas.

○ ○ ○

En las páginas 26 y 27 hemos construido la matriz "Por qué fallan los equipos" para mostrar cómo se llega a una situación disfuncional. Si sus equipos tienen los pistones aceitados, usted no encontrará un solo problema en esta matriz. Sin embargo, lo más probable es que su equipo enfrente dificultades en alguna de las categorías. Identificar la situación y tomar las medidas para comprenderla y mejorarla es el tema de este libro.

CAPÍTULO 2

NECESIDADES HUMANAS

La búsqueda desesperada del equipo

La premisa adoptada por este libro es que la raza humana no es una especie de individuos solitarios, cada uno abriéndose paso por su cuenta en el mundo.

No señor. Somos criaturas sociales. No sólo nos gusta la compañía, sino que nos buscamos unos a otros en innumerables situaciones. En lo profundo, necesitamos esta interacción al igual que necesitamos el aire, el agua y el seguro de vida.

Los expertos no han alcanzado un acuerdo perfecto en torno a esto. Al parecer, algunos mostramos mucho menos necesidad que el resto. Y algunos psicólogos y antropólogos han indicado que, en la psiquis humana, también existe una dimensión que ansía la soledad. Algunas personas experimentan esto más que otras.

¿Qué obtenemos unos de otros?

= *Afecto.* Las personas que viven sin ninguna clase de afecto apenas si parecen vivir.

= *Afiliación.* El sentimiento de pertenencia a alguna clase de tribu, organización o logia.

= *Reconocimiento.* ¿Quién puede decir que un árbol caído en la selva alguna vez estuvo allí? Del mismo modo, una vida sin reconocimiento es algo bastante efímero.

= *Intercambio de ideas.* La manera más rápida y fácil de aprender es de otras personas. Sin los demás, la rueda debe ser reinventada una y otra vez.

= *Valor personal.* Nos vemos a nosotros mismos en términos de otras personas. En el fondo, el ser sociales es un proceso de hitos personales.

La verdad es que, a pesar de que un puñado de nosotros ansía el aislamiento, sin el contacto con los demás se marchita nuestro sentido de ser. Esto no es una trivialidad; ha sido demostrado muchas veces a lo largo de la historia. El proceso de negar a alguien el acceso a los otros –aislamiento, destierro, proscripciones, chivos expiatorios– ha sido usado durante siglos en muchas culturas como forma de castigo. En algunas tribus primitivas, los que violaban las leyes tribales dejaban de ser considerados "personas". En Inglaterra, la práctica de ignorar a una persona en desgracia era llamada "mandarlos a Coventry"; los niños eran puestos "en Coventry" cuando se portaban especialmente mal. Los amish todavía practican una forma particularmente desagradable de aislamiento.

Las sociedades basadas en la disciplina, como las fuerzas policiales, los militares y las escuelas privadas, cuentan con una larga historia de usar la crueldad mental del aislamiento para manejar personas que charlan demasiado, sabotean o perjudican al grupo de alguna otra manera.

Un ejemplo más contemporáneo es la explosión de los ordenadores en red. Durante décadas, los fanáticos de los ordenadores se aislaban en su fascinación con la tecnología. Hoy, de pronto, el aislamiento se ha terminado: la necesidad de pertenencia es una fuerza impulsora oculta tras la autopista informática. (Es curioso que, en la actualidad, dos profundas tendencias organizativas funcionen de manera opuesta. Los equipos fuerzan a trabajar en un nivel de intimidad desconocido anteriormente. La otra tendencia, la tecnología de los PC, ha librado a los individuos de la necesidad de formar equipos, engendrando el *telecommuting*, los negocios desde el dormitorio y un ejército de consultores independientes que deambulan por el paisaje empresario.)

¿Se acuerda del lavado de cerebro? Durante la Guerra de Corea, se descubrió que uno podía hacer que los prisioneros creyesen lo que uno quisiera: sólo había que mantenerlos apartados de la interacción con otras personas. En su tormento solitario, los águilas azules se encontraban suscribiendo la política de sus carceleros.

¿Qué tiene que ver esto con los equipos? El lector brillante ya ha comprendido que lo que valió para los acadios en el siglo XVIII a.C. sigue valiendo hoy para la gente de AT&T. Buscamos asociarnos con otras personas. Todavía queremos que nos quieran. Aún nos usamos unos a otros para aprender, para realizar tareas complejas y para mejorar nuestro valor individual como colaboradores.

El destierro sigue siendo el castigo preferido en la mayoría de las organizaciones. Escatimamos la información ("lo dejamos fuera del juego"); aislamos sus tareas o su ubicación física (está "en capilla"); atacamos su credibilidad de modo que nadie esté dispuesto a trabajar con ellos (el síndrome del paria).

La asociación se produce en diversos grados de intensidad y por diferentes razones. Esencialmente, nos asociamos para sobrevivir. El individuo aislado es solitario; también es inútil y efímero.

La idea de los equipos y la supervivencia van de la mano; es un tema clave en este libro. Para muchas personas, su pertenencia a un equipo es su billete para la supervivencia. Literalmente, es el cheque con su paga. El grupo proporciona la fuerza que dan los números ("No pueden despedirme; tendrían que despedir a todo el equipo"), y, muchas veces, el follaje tras el cual ocultar los fracasos o la mediocridad. Éstas son personas sin pretensiones, que sólo tratan de ganarse la vida. Se colocan las anteojeras, y sus compañeros de trabajo, munidos con sus propias anteojeras, son su equipo. Harán cualquier cosa que sea necesaria, incluso agruparse, para permanecer con vida.

Para otras personas, "permanecer con vida" no es suficiente. Necesitan algo más aparte de la subsistencia, de un empleo. Están buscando un nivel más alto de gratificación, de autoestima, de logro. Quieren hacer brillar sus pequeñas luces, y consideran que el equipo es la manera de lograrlo. Supervivencia y algo más.

El trabajo versus el hogar es un tema. Las personas que tienen cubiertas sus necesidades de asociación en la casa –el matrimonio y la familia como equipo– suelen caer en el terreno de la gente sin pretensiones en el trabajo. Quienes no vean satisfechas sus necesidades de asociación en la casa, considerarán al trabajo como el lugar indicado para ello. Hay personas tan gratificadas por sus roles como miembros de un equipo que participan en muchos grupos diferentes, y también trabajan en la comunidad.

Quienes no satisfacen sus necesidades de asociación en ninguno de los dos lugares pueden encontrarse ante la barra de algún bar, con un equipo de socios adoptados, como Cliff Claven en *Cheers*. El grupo del bar es el salvavidas de Claven: quítaselo y tendrás un cartero insatisfecho, y todos sabemos adónde puede conducir eso.

Lo único que estamos diciendo es que la gente tiene la necesidad de trabajar con otros. Ni siquiera empezamos a ver los problemas que surgen cuando, atraídas por la idea del equipo como inocentes primates de ojos brillantes, las personas comienzan a volverse locas unas a otras una vez que se han reunido en un grupo.

Pasan cosas nada agradables. Los grupos se arman mal. Las tareas se cumplen a medias. Terminan encallando porque alguien se dedica a cercenar todas y cada una de sus iniciativas. Carecen de liderazgo, de visión, de motivación, de una pista.

Hablaremos de todo esto en los próximos capítulos. Por ahora, trate de identificarse con el entusiasmo que nos impulsa a formar un equipo.

El equipo no es una idea recién inventada, una moda o una "iniciativa del mes". Siempre los hemos formado. Fue el alma de la agricultura primitiva, 50.000 años atrás. Y miles de años antes de eso, fue el alma de la caza. Queremos hacerlo, y hacerlo bien, pero tenemos esta tendencia a estropearlo todo en su realización.

Cuando las cosas se ponen difíciles, sirve recordar que en el fondo nuestras intenciones son buenas y muy, muy naturales.

CAPÍTULO 3

NECESIDADES INDIVIDUALES VERSUS NECESIDADES DEL EQUIPO

Motivos ocultos

Las personas nacen; los equipos se hacen. Y ambas cosas duelen como el demonio. ¿Por qué? Porque a pesar de la atracción de los humanos por pertenecer a un equipo, no estamos dispuestos a desarraigar nuestra vida individual y nuestras prioridades en favor de algún desdichado grupo de trabajo. Por lo tanto, existe un conflicto entre los objetivos individuales de los miembros y el objetivo general del equipo en sí.

Ilustremos esto. Un equipo de cuatro personas, perteneciente a una compañía de ordenadores, tiene el objetivo de crear una batería más liviana y duradera para un ordenador *notebook*. Suena simple. Las cuatro personas son: Eduardo, un diseñador; Diana, encargada de pruebas; Eric, un ingeniero de fabricación; y Carlos, un ingeniero de ventas.

Esto suena factible. Pero las cuatro personas no son figuras dibujadas.

El diseñador, Eduardo, está resentido porque considera que ya ha diseñado una batería que excede las especificaciones de la meta propuesta. Se siente degradado al tener que trabajar con un equipo que dedicará seis meses a hacer lo que él ha estado haciendo durante casi todo el año anterior. Es joven y ambicioso, y en su fuero interno querría iniciar una compañía propia para demostrar a todos los demás lo incompetentes que son.

Diana, la encargada de pruebas, ha formado parte de más equipos de los que podría mencionarse. Su objetivo profesional sería obtener algún reconocimiento por el hecho de que sus contribuciones pasadas fueron clave para el éxito de la división. Siendo una madre sola con tres hijos adolescentes, querría dedicarles más tiempo, pero no cree poder hacerlo. Su sueño es tomarse seis meses de licencia y descansar.

Eric, el ingeniero de fabricación, se considera un dotado de Dios para el management de procesos. Su objetivo profesional es mirar a todos con gesto amenazante y obligarlos a decir la frase impronunciable: "Ocúpate de los procesos y los resultados vendrán solos". Las personas suelen coincidir con eso, pero preferirían que él no fuese tan presumido al respecto. Divorciado, con hijos adultos, es todo energía, un completo adicto al trabajo. Su objetivo individual es probar que él tiene razón y que cualquiera con más logros, mejores posiciones y mayor reconocimiento es un trepador.

Carlos, el ingeniero de ventas, es brillante, joven y tiene buenos antecedentes como colaborador en el diseño de la tecnología que luego venderá. Dos años atrás sintió que estaba signado para cosas más importantes, pero su carrera parece haber topado contra un muro. Este equipo no puede compararse con el que ayudó a conducir en 1993: ganaron premios de varias revistas al "producto del año". Él ansía volver a tener el éxito de entonces, pero no cree que su equipo –o la misión del mismo– tenga lo necesario para lograrlo.

Acabamos de describir a cuatro personas decentes y talentosas que no se oponen para nada al trabajo en equipo, y que no están enfrentadas entre sí por nada importante. Pero existen numerosos conflictos entre sus objetivos individuales y los del equipo, y estos conflictos se irán profundizando más y más.

Es posible que nunca estallen, terminen a los balazos o se vuelvan disfuncionales. Nada tan dramático. Pero no conformarán un equipo excelente ni alcanzarán su objetivo en el plazo previsto, porque las metas del grupo son sutilmente minadas por un montón de metas personales.

Eduardo, Diana, Eric y Carlos no darán el gran salto, a pesar de que tienen buenas intenciones. Pero todas éstas juntas no son nada comparadas con sus necesidades individuales insatisfechas.

Equilibrar la carga

Un trabajo en equipo efectivo implica un continuo acto de equilibrio entre las necesidades del grupo y las individuales. No hablamos sólo de la necesidad humana básica de sobrevivir a través de la asociación con otros, cuestión que hemos analizado en el capítulo anterior. Hablamos de todas las cosas que queremos, de cosas que no tienen nada que ver con los equipos o los empleos.

Aunque es agradable tener compañía y trabajar con otras personas, todos nosotros tratamos de ser el número uno. Olvide las escenas cinematográficas del pobre panadero que saltaba sobre una granada para salvar a sus compañeros uniformados. En la vida real, actuamos con otros, fundamentalmente para satisfacer nuestros proyectos personales. La gente sólo acepta trabajar en equipo si esto le permite, ante todo, satisfacer sus propias necesidades.

Por supuesto que algunos de nosotros disfrutamos el placer masoquista de recibir una gratificación retardada, como trabajar en pos de un resultado grupal en el presente a cambio de algún resultado personal más adelante. Estas personas se sienten felices de afrontar las dificultades actuales con tal de recibir una recompensa del equipo en el futuro.

Pero, en general, este mundo está hecho en términos de "primero yo", o al menos de "por favor, considerad mis necesidades mientras nos ocupamos de las del equipo".

Encontrar el proyecto

Algunas veces, los "buenos soldados" ni siquiera son soldados. Los equipos deben cuidarse de los miembros que no tienen intención de trabajar como verdaderos integrantes del grupo. En sus corazones, estas personas están diciendo:

- "No estoy aquí para trabajar con el equipo, sino para adjudicarme sus éxitos."
- "No estoy aquí para trabajar con el equipo, sino para asociarme con algunos de sus miembros."
- "No estoy aquí para trabajar con el equipo, sino para usarlo como trampolín hacia cosas mejores."

El término "proyecto oculto" fue acuñado para descubrir esta clase de propósito secreto. No es honesto y resulta muy destructivo para la cohesión del equipo. Los buenos grupos reconocen el hecho de que, para generar confianza, deben descubrir sus propios proyectos ocultos y exponerlos a la luz del día.

Diana, Eric y Carlos deben conocer las dudas y la insatisfacción de Eduardo. Del mismo modo, los demás deben comprender que Diana no pondrá el alma en su trabajo si se siente frustrada, agotada y al borde de la desesperación. Las peculiaridades de Eric deben ser tomadas en cuenta por el resto del grupo, y su intensidad aprovechada para impulsar a todos hacia la meta propuesta, no para socavarla. Las ambiciones de Carlos pueden cumplirse más fácilmente si Diana, Eric y Eduardo aceptan triunfar todos juntos y fabricar la mejor batería que el mundo jamás ha visto.

¿Quién dice que la misión del equipo es el único cometido que un grupo puede reconocer y aspirar a alcanzar? En lo profundo, la mayoría de nosotros no somos soldados especialmente buenos, y no anhelamos subordinar nuestros propios deseos en pos del bien común. Por desgracia, los comandos suicidas no son lo más habitual.

Por el contrario: el sacrificio, la lealtad y la disposición a atravesar un pequeño infierno por otros, sólo aparecen cuando las cartas están sobre la mesa, y cuando a la gente se le permite (y se le exige) que sea honesta respecto de sus necesidades.

Muchas veces, los objetivos personales que nos impiden alcanzar los objetivos del equipo son muy honrosos:

- tener un bebé
- pasar más tiempo con la familia
- buscar un empleo mejor después de éste
- volver a la universidad y obtener ese título

O pueden ser un poco menos edificantes:

- conseguir reputación
- unirse a un equipo claramente establecido
- querer pertenecer a un equipo de "ganadores", para variar
- querer un grupo al que uno pueda dominar
- insertarse en un equipo que ya haya alcanzado el éxito
- esconderse tras de un ejecutivo poderoso que nos brinde su apoyo

Cualesquiera que sean los objetivos personales tenemos que conocerlos y abordarlos, o al menos reconocerlos, tal vez para convertirlos en metas derivadas de todo el equipo. Cuando sabemos lo que desean lograr nuestros compañeros y lo que nosotros mismos queremos, se crea un fuerte vínculo entre los miembros.

Cuanto antes conozcamos las necesidades y esperanzas personales de los demás, mejor será para el equipo. Esto no significa que estas necesidades personales deban satisfacerse por completo antes de ponerse a trabajar. Quiere decir que reconocer y abordar esas necesidades como grupo, desde un principio, contribuye a impedir que nuestros deseos "egoístas" actúen en contra del esfuerzo común.

CAPÍTULO 4

TRABAJO EN EQUIPO
VERSUS ACTIVIDADES SOCIALES
Vaya un equipo que seríamos

En el capítulo anterior hablamos de objetivos personales que interfieren con los del equipo. Este capítulo añade otra categoría de objetivos a los que podemos denominar "actividades sociales". Éstos se parecen a las metas del equipo porque afectan a todo el grupo, pero no tienen relación con los objetivos empresarios. Básicamente, tienen que ver con la diversión, con las distracciones.

El propósito explícito de un equipo es reunir a la gente y generar colaboración para alcanzar los resultados previamente acordados; es decir, hacer cosas juntos. Por otro lado, el propósito de las actividades sociales es satisfacer las necesidades personales de asociación a través de la participación en un grupo.

Uno está relacionado con el trabajo, el otro no.

Aquí hay ejemplos de atracciones grupales que distraen a los miembros de su verdadero objetivo común:

- el equipo tiene algunos miembros super atractivos
- el equipo tiene un líder carismático
- el equipo acostumbra a viajar
- el equipo tiene una asignación para gastos increíble
- el equipo apareció en la revista *Fortune*
- el equipo tiene un lugar fantástico donde trabajar
- el equipo está formado únicamente por gente joven

Ésta es una lista variada, pero lo que indica es que,

aparte de la necesidad humana de interacción o la validez del objetivo conjunto ("desarrollar un vuelo tripulado para viajar al Sol"), existen otras razones para unirse a un grupo. El hecho de saber estas cosas sobre los otros puede resolver ansiedades y expectativas que de otro modo causarían el fracaso del grupo.

Algunas veces, la línea que separa el trabajo en equipo de las actividades sociales se vuelve un poco difusa. Por lo general, uno puede detectar que esto está ocurriendo cuando en un grupo todos están irritados. El siguiente es un ejemplo de colisión entre el trabajo en equipo y la actividad social: el miembro A se ocupa de una tarea mientras los miembros B, C y D están en su oficina, charlando sobre cosas que no tienen ninguna relación con el trabajo. A trabaja en equipo; B, C y D se dedican a una actividad social.

Este conflicto es exclusivo de los humanos: el trabajo versus el juego. Aunque el juego es natural y normal, se torna corrosivo cuando reemplaza al trabajo como objetivo para uno o más de los miembros. No pasará mucho tiempo antes de que A se sienta resentido por la forma en que los otros se divierten y no contribuyen a llevar su parte de la carga.

Por su lado, los miembros B, C y D se mostrarán verdaderamente indignados al ver que su conducta amistosa no es percibida como el pegamento vital que mantiene unido al equipo.

Una encuesta realizada algunos años atrás sugirió que durante un día laboral promedio, al menos un cuarto del tiempo se emplea en actividades sociales. Los investigadores también sugirieron que este rato de descanso mental es un componente necesario para permanecer cuerdos en el trabajo (aliviar el estrés). Los problemas se producen cuando, en un equipo, algunas personas trabajan, mientras otras se dedican a una actividad social.

Algunos miembros del grupo pueden tener mayores

necesidades que otros en un extremo del espectro. Ciertas personas no parecen necesitar o querer un descanso jamás, mientras que otras no parecen cumplir con su parte del trabajo porque, por lo general, están holgazaneando. Trabajar y nunca jugar lo convierte a uno en monótono. Jugar y nunca trabajar lo convierte a uno en desempleado. Un equilibrio coordinado hace que uno se vuelva más productivo. Aunque tanto el trabajo en equipo como las actividades sociales son esenciales para el éxito del grupo, es importante lograr una buena sincronización.

Parte dos

Por qué

se disuelven los equipos

CAPÍTULO 5

METAS INDEBIDAS, OBJETIVOS CONFUSOS

¿Qué estamos haciendo aquí?

Hemos escuchado casi mil veces a algún colega que decía: "Mi jefe establece expectativas/metas/objetivos/blancos muy poco realistas". Por lo general están diciendo una de las tres cosas siguientes:

= *No creen en el resultado.* La jefa es famosa por su plan quinquenal, pero nadie le ha prestado ninguna atención seria desde hace... cinco años.

= *No creen que el resultado sea factible.* Es posible que la jefa esté teniendo fantasías otra vez, que saque conejos de una galera. O peor aún, tal vez leyó un artículo sobre las "metas exigentes", y tuvo la brillante idea de exigirnos que las cumplamos.

= *No logran entender lo que realmente se busca como resultado.* Los equipos fracasan cuando su razón de ser es poco clara. El objetivo se expresa en forma complicada, ambigua: en una cifra, en defectos eliminados, en participación en el mercado, en nuevos clientes. ¿Cómo hace uno para concentrarse simultáneamente en cuatro puntos focales?

Cualquiera sea el caso, la gente se paraliza y no logra iniciar la carrera.

Si uno no sabe adónde va o cómo quiere que sea el resultado, la única opción que queda es la oración. Póngase de rodillas y ruegue que cuando se desate la estampida no lo aplasten demasiado. Pero si no es por intervención divina, le conviene crear una expectativa positiva y precisa del resultado para obtener la colaboración del grupo.

Además, las acciones que conducen a resultados no se producen en el vacío. Deben estar ligadas a otros cuerpos móviles que se desplazan por los pasillos en dirección a sus propios resultados. Si no están deliberadamente vinculadas, tropezarán unas con otras. No crear objetivos realistas y enlazarlos con otros puede ser un error fatal.

Para comprender el largo, el ancho, la profundidad y el pH del escabeche donde está el equipo, usted tiene que comprender lo que es un objetivo.

Líderes, visiones, objetivos

Un objetivo no es una cifra. Wm. Edwards Deming, quien sabía más sobre motivación humana que la mayoría de los especialistas en conducta organizativa, dejó bien claro en sus famosos catorce puntos que las metas numéricas y las cuotas hacen mucho más daño que bien.

Un objetivo adecuado aprovecha lo que acabamos de analizar: la disposición natural de la gente para trabajar en equipo. Comienza con la visión del líder de que una tarea es deseable y posible de realizar. El líder puede ser un miembro del equipo, ser su núcleo o incluso trabajar primariamente fuera del grupo. Pero él o ella (o ellos) debe tener credibilidad para el resto de los integrantes.

El líder creíble traduce la visión a una aspiración concreta. *Kennedy dijo: "Pondremos un hombre en la luna".* Esta oración explica casi todo lo que usted necesita saber sobre liderazgo y objetivos. Es clara. Es significativa. Y además compromete.

Un líder cuyos objetivos cambian constantemente no

es un conductor en absoluto. Una meta enunciada estabiliza y concentra la visión del líder en algo claro y conciso, y representa una imagen continua de lo que el equipo en conjunto espera lograr. Una buena visión es un acto de fe: indica que un objetivo difícil y valioso puede alcanzarse.

Si el objetivo es lo bastante claro y compromete los corazones de la gente además de sus mentes, el propósito en sí es quien asume gran parte de la carga del líder. Se convierte en un correctivo permanente contra la distracción, la confusión y el deterioro.

A menos que el equipo pertenezca al grupo ejecutivo de la compañía, sus objetivos no serán iguales a las metas estratégicas. Éstas exigen logros ambiciosos, amplios y de gran alcance. Los objetivos de los equipos suelen ser más modestos. De no ser así, verifique que el grupo no tenga entre manos más de lo que puede abarcar.

Un buen objetivo de equipo cuenta con varias partes:

- una *tarea*; lo que se hace
- la promesa de un *límite* para lo que se hace; a diferencia de lo que pasa con las escobas encantadas en *El aprendiz de hechicero*, uno sabe cuándo parar
- la promesa de un *nivel de desempeño*; no se escatiman gastos; hay que atenerse a un presupuesto estrecho; será un trabajo de nivel internacional; "bastante bueno" no es suficiente
- la definición del *cliente*; para quién es todo este esfuerzo

Guerra entre equipos

Harvey recuerda una experiencia que tuvo hace algunos años, en una de las fábricas de bombas más grandes y prestigiosas de los Estados Unidos, allá por los tiempos cuando se sabía quién era el enemigo. Se gestaban problemas porque faltaban objetivos relacionados entre sí. No con los aliados, sino dentro de la fábrica.

La compañía acababa de ganar un contrato para su sistema de armamentos muy avanzados. Esta arma era tan complicada y sofisticada, tan novedosa, que su fabricación requería siete equipos separados; cada grupo debía trabajar en una parte de este minicohete asesino de tanques, cuyo nombre clave era Fluffy.

En el campo de batalla, el potencial del sistema era aterrador. No obstante, las rabietas que experimentaron los siete equipos para armar uno de ellos fueron igualmente aterradoras.

Los problemas empezaban en la etapa del objetivo. Emocionados con la oportunidad tecnológica que tenían delante, los siete equipos descuidaron la tarea de vincular sus objetivos. Cada grupo tenía instrucciones de examinar sus mejores ideas y reunirse dos meses después para evaluar los progresos. A medida que se acercaba la fecha había una sensación de entusiasmo en el aire; esa mañana todos los ingenieros estaban presentes y el salón parecía electrizado.

Cada equipo presentó un informe sobre su parte en el proyecto hasta la fecha. El primero se levantó para hablar y, con gran orgullo, explicó su idea innovadora para abrir las alas que cubrían el tubo de lanzamiento. A medida que hablaba, comenzó a escucharse un rumor entre los otros equipos. Una persona se levantó y le gritó al orador: "¡Idiota! Si hacéis eso, vuestras alas taparán nuestras miras y no podremos ver a qué le disparamos". El jefe de otro equipo intervino: "¡Nuestros dispositivos electrónicos no han sido diseñados para hacer eso!" Etc., etc., etc.

Por supuesto, a partir de allí la reunión se fue barranca abajo. Recriminaciones, represalias, bofetadas, duelos convenidos al amanecer en la zona pantanosa contigua al depósito de municiones. Meses de desarrollo de productos, tiempo y muchos millones de dólares se perdieron por una desvinculación de objetivos. Se necesitaron dos meses más para que los miembros de los distintos equipos superasen su ira y dejasen de adjudicar culpas en todas direcciones.

Sadismo

En los equipos, otro exceso del que hay que protegerse es el sadismo. Existen varios grados de rigor al cual usted puede exponer a su equipo. En un extremo del espectro puede hacer que la vida sea demasiado cómoda para su gente: pelarles las uvas, entalcarles el trasero, etc. Eso no sirve para nada; los equipos necesitan cierto grado de ansiedad para prosperar.

No obstante, el extremo opuesto puede ser horrendo. Hemos conocido managers y líderes de equipo que eran casi psicópatas en su tendencia a causar dolor a la gente.

La idea de los objetivos exigentes es perfectamente legítima. Sólo se trata de una meta ambiciosa establecida para el desempeño de la organización. Éste fue el caso del objetivo *Six Sigma* planteado por Motorola, donde se limitaban los defectos en la calidad a 2 ó 3 por millón de productos. Era algo difícil, pero tal como ha demostrado Motorola, asequible sin demasiado derramamiento de sangre.

Pero en el mundo existen imbéciles que no se concentran en lo asequible, sino en lo mucho que debe esforzarse el equipo. En sus mentes, un objetivo exigente servirá para incrementar cinco veces la productividad del grupo. A ellos no les causó ningún dolor anunciar el objetivo en una reunión de equipo, pero la gente debió padecer muchos sufrimientos durante el año siguiente.

Conocimos un manager de Minnesota que bromeaba sobre su metodología para motivar. "Los hago subir por una escalera, y luego se las pateo de abajo de los pies." Un tío encantador. Una cosa es arrojar al equipo a un estanque para enseñarle a nadar. Podemos llamarlo amor bruto. Pero otra cosa es llenar el tanque de pirañas o de aceite hirviendo.

El camino a ninguna parte

Los equipos que buscan generar confianza e infundir un sentido de liderazgo fuerte deben definir claramente sus metas u objetivos y luego establecer los vínculos pertinentes. Esto no es una posibilidad, es una condición sine qua non.

No existen dos caminos iguales, por supuesto. Cuando un equipo recibe el encargo de cumplir con una tarea, lo mejor que puede pasarle es encontrarse con un ambiente ordenado. Es más agradable viajar por una autopista de cuatro carriles que abrirse camino por un sendero a través de la jungla. Pero muchos encargos colocan a los equipos en medio de la jungla: se les pide crear algo de la nada; crear algo a partir de algo (lo que puede ser peor); construir puentes entre diferentes ideas, culturas, productos, equipos; arreglar los desbarajustes que han creado otros equipos.

El trabajo suele ser confuso, amontonado, molesto. Las personas son siempre personas, con todas las variaciones e incoherencias que tiene la humanidad. Considerando el desorden inherente a la mayoría de los equipos, éstos simplemente deben insistir en lograr una claridad diamantina al inicio de una misión, con una profunda comprensión de la inminente tarea.

Dosificar los objetivos

Muchas veces, los planes fallan porque las personas se obsesionan con el aspecto a largo plazo del objetivo primario.

"Recuperar Granada" fue una empresa para la cual España necesitó 500 años. Tal vez se hubiera alcanzado más pronto si, desde el comienzo, el objetivo hubiese sido dividido en componentes menores.

De esto se trata una adecuada planificación de metas: uno empieza con un gran superobjetivo hacia el cual tiende todo el equipo, y entonces traza un sendero hacia su consecución, asignando a los miembros una serie de etapas factibles y a corto plazo.

Los buenos grupos viven y respiran el corto plazo. Allí es donde se encuentra la acción, y donde la inteligencia es puesta a trabajar. Ellos pueden planear a largo plazo, pero actúan en el presente.

También se concentran en unos pocos objetivos a la vez. Los equipos nuevos suelen prometer 30 resultados apenas se reúnen. En algunas organizaciones, se exige una lista de cada medida que tomarán las personas durante el ciclo siguiente, un año, o tal vez más. En muchos lugares esto es considerado visión a largo plazo.

El problema es que al enfrentarse a una lista de 20 o 30 objetivos, las personas más conscientes tienden a paralizarse y no hacer nada hasta que se recuperan. El cerebro humano es un órgano maravilloso, pero ni siquiera con un cerebro que funciona bien es posible abarcar más de dos objetivos al mismo tiempo.

Los objetivos que se dejan de lado en el presente suelen roer las entrañas. Esto disminuye la productividad. Podemos afirmar lo siguiente como una regla: cuantas más metas se impongan al equipo, peor será su desempeño.

No obstante, las cosas cambian. Si a medida que pasa el tiempo uno se muestra flexible, la lista de objetivos que deben corregirse conduce a una mejor comprensión. En las organizaciones, es horrible ver que un individuo sufre los reproches de su manager por no cumplir un objetivo que, evidentemente, ya no es pertinente.

A la corta y a la larga

El corto plazo es donde estamos. En lugar de "Recuperar Granada", decir "Empecemos por esa fila de casas azules en la calle Sevilla, por la que tiene persianas blancas". Al concentrarse en lo factible, el equipo puede obtener una comprensión inmediata y perfecta, dando golpes rápidos como comandos.

¿Pero a qué nos referimos con corto?

Empezamos por proponer tareas de duración mucho más breve que las que usted suele utilizar como hitos. Clasificamos todas las metas y objetivos en esquemas de corto, medio y largo plazo. Corto significa menos de un mes (por ejemplo, la semana que viene); medio implica de uno a tres meses; largo significa de 3 a 6 meses.

Basta de alardear con planes para los próximos cien años. Cualquier cosa que exceda los seis meses nos lleva al territorio de los castillos en el aire y la planificación estratégica. Hay demasiadas cosas que pueden salir mal o cambiar. Un pequeño recodo en el río puede hacer desaparecer meses de trabajo y resultar devastador para la moral.

Si usted tiene un objetivo que excede el límite de seis meses, divídalo en tareas más breves que coincidan con estos tres tipos de plazos. De ese modo el equipo aborda metas nuevas continuamente, experimenta éxitos, se mantiene orientado, avanza a paso firme y se siente motivado.

Los grupos comando están compuestos por pocas personas, tienen un solo objetivo y trabajan para el corto plazo. Cuando su objetivo está cumplido, se disuelven en la organización principal y sólo vuelven a reunirse en otros equipos destinados a lograr algo nuevo en el corto plazo.

Cuando un equipo ha determinado sus metas y programado los plazos adecuados, es importante dar preferencia a la lista de prioridades. Si una tarea no aparece entre las más importantes, al diablo con ella. *Deje atrás todo el resto.*

A medida que pase el tiempo y los objetivos del mediano plazo se acerquen al período corto, vuelva a determinar la lista de prioridades. Entonces repita lo anterior: no preste ninguna atención a las tareas que ocupan los últimos puestos. No debe completarlas bajo ninguna circunstancia. Ni siquiera tiene permitido preocuparse por ellas... lo cual bien puede hacer sin nuestras estrictas instrucciones.

Estos compromisos incumplidos tienen un nombre que indica todo lo que es necesario saber al respecto: *sedimento de objetivos*. No son buenos ni malos; simplemente no son especialmente útiles. Con ellos se puede hacer dos cosas: delegarlos a otra persona, quien tal vez los coloque en una prioridad más alta, o dejarlos morir calcinados bajo el sol del desierto.

El elemento final

Existe un elemento final que resulta esencial para la fijación de objetivos: la pasión.

El mundo está lleno de imágenes aburridas. Existen organizaciones enteras que se arrastran de un informe trimestral al otro. Es como si el liderazgo hubiese leído todos los libros apropiados y tomado la decisión de no cometer errores obvios, olvidándose de infundir cualquier clase de interés a los objetivos.

Un objetivo aburrido carece de originalidad, de personalidad, de pimienta. Para infundir interés se necesita algo más que un hito numérico o una frase de moda sobre la calidad internacional pronunciada por el consultor de la semana.

Porque las personas quieren sentirse estimuladas por su trabajo. Un buen objetivo les brinda algo a lo cual responder. Algo que puede ser considerado como propio.

CAPÍTULO 6

ROLES SIN RESOLVER

No es asunto mío, amigo

Cuando éramos niños, no nos preocupábamos por roles y responsabilidades. Recorríamos el vecindario haciendo lo que queríamos, o lo que nos decían que hiciéramos hasta que nos distraíamos y hacíamos otra cosa. Éramos un ejército sin grados, una corporación sin títulos laborales, una pandilla sin jerarquías, una pirámide invertida. Y nos gustaba.

Apretemos el avance rápido hasta la era anterior a los equipos, y los lugares de trabajo estaban atestados de roles. Cada trabajador tenía una descripción laboral. Cada una de éstas describía exactamente cuáles eran las tareas, los roles y las relaciones laborales de las personas. Como regla, las definiciones eran bastante estrechas: técnico de laboratorio de segundo nivel, asistente del técnico de laboratorio de primer nivel, etc.

Hoy en día, en la era de los equipos, las descripciones laborales se han vuelto menos precisas, más amplias, y los roles no suelen estar registrados en un papel. Pero, de cualquier manera, estos roles y relaciones juegan un papel importante en el éxito del trabajo grupal.

La idea de los equipos se basa en el hecho de que las personas son adultas. Estamos demasiado grandes para el encasillamiento de las descripciones laborales convencionales y el management científico. Pero, en su nueva libertad, muchos equipos han vuelto a sus andanzas por el barrio. Hacen lo que quieren hacer, o aquello para lo cual son más aptos. Hay tareas importantes, pero menos deseables, que nadie realiza.

De alguna manera, los miembros de un equipo deben cumplir con tres condiciones:

1. todos deben conocer la tarea que tienen que completar...

2. sin que esos roles y responsabilidades se conviertan en camisas de fuerza e interrumpan la circulación al cerebro...

3. al mismo tiempo que se realizan todas las tareas necesarias, incluyendo las tareas menores, odiadas por las personas inteligentes...

Es una orden difícil y paradójica.

Patatas calientes

Existen tareas que nadie quiere hacer. Son rutinarias, desagradables o no están a la altura de nuestras capacidades. En general, el papeleo está entre los trabajos más evitados. A algunas personas les molesta hacer llamadas telefónicas. Evaluar a la gente. Completar informes. Lavar el fondo de la cafetera. Son cosas terribles. Pero... de todos modos hay que hacerlas. El problema aparece cuando los miembros de un equipo se niegan a manejar esas patatas calientes.

Existen muchas variaciones sobre este tema. Las personas rechazan tareas por diferentes razones. Sus excusas son buenas:

- "No sirvo para eso."
- "Lo hice el año pasado."
- "¿No te acuerdas de lo que pasó la última vez que lo hice?"
- "Si me obligas a hacer eso, ya no seremos amigos."

Los managers y líderes de equipo se esfuerzan para encontrar alguna manera de lograr que estas tareas se realicen sin obligar a la gente. Se las pasan al equipo de recursos o las delegan completamente a proveedores externos. O, ellos también, vuelven la espalda a las tareas desagradables y se olvidan de las consecuencias negativas.

En cierta ocasión, Harvey escuchó a un viejo profesional que hablaba informalmente con un empleado sobre lo que significaba ser un buen integrante de un equipo. "Tú sabes, José", le decía, "algunas veces hay que apechugar y hacer cosas que no te gustan".

Nadie quiere escuchar eso, pero es verdad. Para que un equipo tenga éxito, todos deben cumplir con su parte de las tareas desagradables. Si se exime a algunos pero se exige a otros que las hagan, el grupo estará dividido en dos y nadie saldrá beneficiado. En cualquier organización, estos trabajos tienden a quedar pendientes a menos que alguien quiera anotarse un punto como mártir. Las tareas, roles y responsabilidades huérfanas se van apilando y, después de un tiempo, empiezan a gritar para que alguien les preste atención. La naturaleza urgente de estos gritos hace que la gente se vea obligada a correr para apagar el fuego.

Como solían decir los comerciales de los filtros de aceite para coches: "Págame ahora, o págame más adelante". Si nadie se ocupa de las tareas desagradables, llegará un momento en que usted conocerá el verdadero significado de la palabra "desagradable".

Guerras de territorio

También se producen problemas cuando, en un equipo, hay más de una persona responsable por una sola tarea (por lo general atractiva). Un ejemplo clásico de esto es cuando entre los directivos superiores, las ambiciones personales desplazan a la misión del equipo de management. El resultado: guerras de territorio. Ambas partes consideran una tarea como propia, y se disponen a violar el espíritu de colaboración con tal de conservarla.

Las personas pelean por cualquier cosa, si están convencidas de que el territorio en cuestión representa poder para ellos o si creen estar pintadas en un rincón: miembros de una firma de relaciones públicas disputan el control de una cuenta; líderes de un equipo batallan para llevar los libros o acceder al patrocinador de un grupo; miembros de una actividad basada exclusivamente en la colaboración, llegan a las manos cuando se trata de determinar el nombre que aparecerá primero en el informe final.

○○○

Tanto las patatas calientes como las guerras de territorio son desastrosas para el éxito del equipo. Los grupos efectivos reconocen estas posibilidades, las tienen en cuenta en su planificación y se comunican con más frecuencia cuando las tienen delante.

En el caso de las patatas calientes, lo mejor es la rotación de tareas desagradables entre todos los miembros del equipo (incluso los directivos), lo cual transmite el mensaje de que cada uno debe llevar su parte de la carga. En este equipo, *todos* lavan los platos. No obstante tenga cuidado: es posible que nadie quiera asir la patata caliente porque, en realidad, nadie está en condiciones de hacer bien la tarea (por ejemplo, la contabilidad). Cuando exista un verdadero vacío en el equipo, tendrá que incorporar a alguien que realice el trabajo, aunque sea por un plazo limitado.

Cuando se produzcan las guerras de territorio, negocie abiertamente las tareas específicas. Resulta esencial la manera en que usted comunica el contenido y el modo en que concierta procedimientos para actualizar, vincular, colaborar y delegar.

Recuerde a la gente que, en su diseño, los grandes equipos abarcan diversas funciones. Como en la guerra, los miembros se respaldan unos a otros. Las personas con instrucción en diversos temas cumplen roles primarios y secundarios. Si alguien tiene problemas (otra tarea o una gripe) siempre hay otro capacitado para intervenir y hacer el trabajo.

Recuerde formular esta pregunta crítica en forma periódica:

¿Quién es responsable por qué, cuándo y dónde vamos a consultar unos con otros para asegurarnos de que seguimos encaminados?

CAPÍTULO 7

ERRORES EN LA TOMA DE DECISIONES

Cómo no decidirse

En una época de su vida, alrededor de 1970, Mike trabajaba como técnico esterilizador en un gran hospital metropolitano. Aunque cumplía un horario nocturno, estaba asombrado por lo metódico que era el régimen del laboratorio de esterilización. La supervisora vigilaba todo como un halcón y cronometraba cada bandeja que entraba y salía. Ella era la única que llenaba los formularios de solicitud y los guardaba en una carpeta. Al amanecer llegaba su superior a reemplazarla y ella le entregaba los papeles. Mike no estaba autorizado a tomar ninguna decisión, pero ella *tampoco*. Era estricto.

Una noche, cuando la supervisora había salido a tomar un descanso, una enfermera llegó corriendo por el pasillo y pidió elementos de desinfección para una persona accidentada. Mike tragó saliva y se los entregó, sin llenar las planillas habituales. Al día siguiente fue despedido por permitir que los suministros abandonasen la sala sin el papeleo. Tuvo que entregar sus instrumentos y su máscara quirúrgica. Fue todo muy triste. Pero Mike lo tomó con filosofía: al menos el motociclista accidentado tenía su herida limpia de asfalto.

Éste fue un caso de control central demasiado rígido, lo cual hacía que el equipo no pudiese cumplir con su misión explícita de ayudar a los pacientes. La manera en que un equipo decide no decidir es una de sus decisiones más importantes. Es posible que quiera volver a leer esta última oración. No se trata de un error de imprenta.

Los equipos empiezan por aprender, y sólo empiezan a funcionar cuando actúan. La forma en que se dispara la acción depende de cada caso. Las decisiones correctas se resuelven del modo apropiado y viceversa: la decisión de Napoleón de enfrentarse a Wellington en Waterloo no fue sólo una mala elección; fue la batalla.

A la larga, lo que resulta aún más peligroso es basarse constantemente en procesos erróneos para arribar a las decisiones. ¿Cómo decidió Napoleón encaminarse hacia la trampa que lo esperaba en las planicies flamencas? Simplemente lo hizo sin consultar a nadie; así lo decidió. Era la manera napoleónica.

Tal vez si hubiese mostrado un poco de flexibilidad y seguido otro método para tomar sus decisiones, tanto él como su grupo armado hubieran corrido mejor suerte en el campo. Tenía siete alternativas, cada una de las cuales era apropiada para una clase específica de situación. Él, siendo un autócrata, sólo hubiese sido receptivo a un par de ellas. Usted y su equipo, en las semanas y meses de trabajar juntos, pueden tener que utilizarlas todas:

° **CONSENSO**. Las decisiones por consenso son aquellas en que todo el equipo tiene la posibilidad de expresar sus opiniones, y donde todos deben ponerse de acuerdo sobre el resultado final. Si alguien discrepa, las conversaciones continúan. Deben emplearse las concesiones para que cada uno pueda concordar con el resultado y comprometerse con él.

Ventajas: produce decisiones innovadoras, creativas y de alta calidad; obtiene compromiso de todos los miembros para aplicar la decisión; utiliza los recursos de todos los integrantes; se perfecciona la capacidad del equipo para tomar decisiones en el futuro; es útil para tomar determinaciones serias importantes y complejas con las cuales todos los miembros estarán comprometidos.

Desventajas: requiere mucho tiempo y energía psicológica, como así también un gran nivel de aptitud por parte de los miembros. La presión de los plazos debe ser mínima. No sirve para manejar emergencias. Lleve su pijama... es posible que tenga que quedarse toda la noche.

° **MAYORÍA.** Las decisiones por mayoría son la democracia en acción. El equipo vota, la mayoría gana. Es simple.

Ventajas: puede usarse cuando no hay tiempo para una decisión por consenso absoluto, cuando la cuestión no es tan importante como para buscar la unanimidad, y cuando lograr un 100 por ciento de compromiso entre los miembros resulta esencial; cierra la discusión sobre temas que no son de extrema importancia para el equipo.

Desventajas: por lo general deja una minoría enemistada, una bomba de tiempo para la futura eficacia del equipo; personas con talento dentro del grupo pueden sentirse rechazadas; sólo hay un compromiso parcial para poner en práctica la decisión; no se obtiene todo el beneficio posible de la interacción del equipo.

° **MINORÍA:** Las decisiones por minoría suelen adoptar la forma de un subcomité dentro del equipo. Allí se investiga la información y se emiten recomendaciones para actuar.

Ventajas: puede usarse cuando es imposible que todos se reúnan para tomar una decisión; cuando el equipo está apremiado por el tiempo y debe delegar responsabilidad a una comisión; cuando sólo unos pocos miembros poseen la experiencia o los conocimientos pertinentes; cuando no se necesita un compromiso general del equipo para aplicar la decisión; es útil para tomar decisiones simples y rutinarias.

Desventajas: no aprovecha los talentos de todos los miembros; no genera un compromiso general para aplicar la decisión; los conflictos y controversias sin resolver pueden afectar la futura eficacia del equipo; no se obtienen grandes beneficios de la interacción del grupo.

° **PROMEDIO.** El promedio es el epítome de la concesión; así es como decide nuestro querido Congreso: los miembros del equipo regatean, pactan, lisonjean y negocian una postura intermedia. Por lo general, nadie está contento con el resultado, salvo la persona que modera el grupo.

Ventajas: los errores individuales y las opiniones extremistas tienden a cancelarse unas a otras, haciendo que este método sea mejor que el del "dominio autoritario sin discusión".

Desventajas: las opiniones de los miembros menos capacitados pueden anular las sugerencias de los que saben más. Hay poca participación del equipo en la toma de decisiones, por lo que el compromiso con lo que se resuelve suele ser escaso. Por lo general, dejar que la decisión sea tomada por las personas más expertas es mejor que buscar un promedio del grupo.

° **EXPERTOS.** Esto es simple. Contrate expertos, escuche lo que le dicen y siga sus recomendaciones.

Ventajas: resulta útil cuando la experiencia de una persona es tan superior a la de todos los otros integrantes que no habría mucho que ganar a través de la discusión; debería usarse cuando se necesita poca acción de los participantes para aplicar la decisión.

Desventajas: ¿cómo determina quién es la persona más experta? No se genera compromiso para aplicar la decisión; se pierden las ventajas de la interacción del grupo; el resentimiento y la discrepancia pueden provocar sabotajes y un deterioro en la eficacia del equipo; no se aprovechan los conocimientos y aptitudes de otros integrantes.

° **DOMINIO AUTORITARIO SIN DISCUSIÓN.**
Aquí es donde no suele haber espacio para la discusión; son decisiones predeterminadas dictadas por una autoridad superior. Moisés en el Monte Sinaí. Este método tiende a aniquilar la confianza, ya que el líder del equipo procura engañar a los miembros haciéndoles creer que sus opiniones realmente afectan la decisión. Los integrantes del equipo saben cuando un líder trata de embaucarlos.

Ventajas: se aplica más a las necesidades administrativas, a las decisiones simples y rutinarias; debería usarse cuando se dispone de muy poco tiempo para tomar la decisión; cuando los miembros del equipo esperan que sea el líder quien decida; y cuando los miembros carecen de las aptitudes o la información para decidir.

Desventajas: una sola persona no puede ser un buen recurso para todas las decisiones; se pierden las ventajas de la interacción del equipo; el compromiso de la gente para aplicar lo resuelto es cero; el resentimiento y la discrepancia pueden provocar sabotajes y un deterioro en la eficacia del equipo; no se aprovechan los recursos de otros integrantes.

° **DOMINIO AUTORITARIO CON DISCUSIÓN.** Este método también es conocido como "Toma de decisiones participativa". Por desgracia, la mayoría de las personas no conocen el verdadero significado de esto. Muchos líderes piensan que deben renunciar a su responsabilidad en la toma de decisiones. Nada más lejos de la verdad. Con este método, desde un principio los encargados de tomar las decisiones dejan bien en claro que la responsabilidad es de ellos. Luego se embarcan en una activa discusión de los temas en juego; sus opiniones son tan válidas como las de los otros miembros. Cuando han escuchado lo suficiente como para tomar una decisión bien pensada, dan por finalizada la conversación, toman la determinación pertinente y luego vuelven a hablar con los integrantes del equipo para que todos sepan cómo han contribuido con la decisión. La mayoría de las personas sienten que han sido escuchadas y se muestran dispuestas a participar en otra decisión con el mismo método.

Ventajas: obtiene compromiso de todos los miembros; genera una discusión animada sobre los temas en cuestión, utilizando las aptitudes y conocimientos de todos los miembros; está claro quién es el último responsable por la decisión del equipo.

Desventajas: requiere buenas aptitudes de comunicación por parte de todos los miembros; requiere un líder dispuesto a tomar decisiones.

ooo

Aunque cada tanto uno u otro método se pone de moda, no existe una manera correcta o equivocada de decidir sobre un tema. Lo importante es que *de antemano, el equipo decida qué método utilizará para tomar las decisiones.* Nada de sorpresas. Si los miembros están notificados del proceso, hasta los más autocráticos pueden obtener el consentimiento y la bendición de todos.

CAPÍTULO 8

POLÍTICAS Y PROCEDIMIENTOS EQUIVOCADOS

No se puede llegar allí estando aquí

Como psicólogo bisoño que trabajaba para el gobierno, una de las responsabilidades de Harvey era redactar manuales de políticas y procedimientos (P&P) para grupos que trabajaban en distintas actividades. Noventa y nueve veces de cada cien, su grupo escribía libros serios, sobrios y útiles. No obstante, cada luna llena sucumbían al impulso de crear un manual de estipulaciones llenas de una jerga elíptica que ningún equipo en su sano juicio podría seguir: pura palabrería insensata, absurda, retorcida y burocrática. Y, convencidos de que de todos modos nadie leía los libros, lo enviaban junto con los demás.

Imagine su horror al descubrir, en un viaje de reconocimiento muchos meses después, que estos manuales de políticas y procedimientos eran considerados como los mandamientos promulgados en el Monte Sinaí. La gente se desvivía por tratar de que funcionaran las absurdas panaceas, desperdiciando su tiempo y productividad en el intento.

Harvey no sólo estaba avergonzado de haber contribuido con la delincuencia del gobierno, también estaba furioso con las personas que seguían ciegamente las políticas evidentemente idiotas que él había redactado.

Lo que hemos aprendido

La moraleja de este vergonzoso episodio –cada tanto Harvey todavía rompe en llanto, con sólo pensar en ello–

es que es necesario encontrar cierto equilibrio en el área de políticas y procedimientos. Por un lado, las mismas organizaciones y equipos deben crear regímenes y métodos creíbles. Esto significa que la información de las P&P se corresponda con la realidad.

Hay demasiadas compañías y equipos que viven una doble vida: la del libro y la de la realidad. Cuando la realidad y el libro divergen demasiado, terminan por separarse. Las personas que se desempeñan bien en la verdadera organización avanzan con la corriente de la misma; las que trabajan mejor "según el libro", tienden a aferrarse a él, al pie de la letra, sofocando su propio crecimiento y creatividad.

Aquellos que se ríen de los manuales de políticas y procedimientos, en realidad, se están riendo de su propia cultura corporativa. Reconocen que tanto sus organizaciones como ellos mismos viven una mentira. Las reglas impropias tienen un efecto corrosivo sobre la cohesión de los equipos y las empresas enteras.

En los negocios vemos que ocurre lo mismo: las personas siguen ciegamente P&P que en otros tiempos pueden haber sido apropiadas, pero que ahora han perdido vigencia. Esto puede adoptar varias formas: etapas para la introducción de un nuevo producto ("Usted debe cumplir con los diecinueve pasos"); procedimientos para la obtención de productos o servicios; incluso modelos complicados y de marca registrada para el proceso de toma de decisiones, que todo el mundo debe seguir independientemente de su nivel.

Los manuales se convierten en el feudo de ciertas funciones centralizadas sin poder, como por ejemplo el departamento de personal. Allí se suele hacer del libro una religión, porque no se cuenta con ninguna otra cosa. Las secciones se actualizan individualmente, se marcan las correcciones y las reimpresiones se distribuyen una vez por mes.

En ocasiones uno se pregunta si el verdadero propósito de la organización no será mantener manuales actualizados.

Una vez, Mike ocupó el cargo de director de comunicaciones en una corporación. En su primer día de trabajo fue escoltado a su nueva oficina. Le mostraron su escritorio, su teléfono, su caja fuerte... y luego, con una reverencia, le indicaron su estantería. Era un armario negro de aproximadamente un metro y medio de ancho. Sus tres estantes estaban ocupados por sucesivas versiones de los manuales para empleados de la compañía. Había al menos sesenta y tres carpetas, cada una de cuyas páginas lucía su fecha de publicación. "Estas carpetas son nuestro pasado, nuestro presente y nuestro futuro", le dijo su superior. "Respételas."

Mike observó la estantería con la boca abierta. ¿En qué se había metido? En retrospectiva, esa organización hubiese estado mucho mejor si apilaba todos esos manuales e iluminaba el cielo nocturno con ellos. Los manuales son "supervisores de papel", un remanente de la era previa a los equipos. ¿Todavía los necesitamos para algo?

En la vida corporativa es necesaria alguna clase de guía impresa en papel. Nosotros creemos que un manual útil debería incluir las pautas básicas que la gente debe conocer para trabajar en la compañía: su misión, lo que se espera de los empleados y lo que la organización como conjunto promete a cambio. Si hay una cadena de mando, los trabajadores tienen que conocerla. Si existen procedimientos para expresar las quejas, esa información es necesaria.

Pero, por amor de Dios, procure que el manual sea breve. Después de todo, la palabra "manual" indica que debería poder alzarse con una sola mano; muchos de estos Frankenstein de P&P no pueden ser levantados del suelo sin una grúa.

Asegúrese de que cualquier P&P que los equipos deban cumplir sea pertinente y oportuno. Sugerimos que los equipos determinen fechas de vencimiento para las políticas, como si fueran medicamentos. En la fecha de expiración, se reexaminan las políticas para determinar si todavía son pertinentes. En caso contrario son arrojadas al retrete, como la penicilina vieja. Si todavía tienen sentido, se vuelve a llenar la receta.

Los buenos equipos evalúan constantemente todos sus procesos, y esto incluye las reglas que siguen para hacer las cosas. Se deshacen de las que no les sirven (o dejan de cumplirlas), modifican otras según su necesidad, e incluso crean algunas nuevas para lograr resultados más efectivos y eficientes.

Además, durante la inspección sanitaria de P&P, los buenos equipos se ocupan de identificar los obstáculos (personas, procesos, estructuras) que pueden estar interponiéndose entre ellos y los resultados deseados. En forma regular y como parte de su trabajo en equipo, determinan y planean estrategias para salvar esos obstáculos.

En ocasiones se impone la hoguera. Esto fue lo que pasó en los dos grandes éxitos que tuvo la industria automotriz de la década pasada: Ford Taurus y GM Saturn. Tanto Ford como GM observaron su línea de base, decidieron que estaba demasiado estropeada como para usarla de apoyo y construyeron divisiones completamente nuevas, generando políticas y procedimientos modernos y honestos. Este nuevo comienzo les proporcionó una enorme vitalidad y una decidida ventaja inicial para alcanzar el éxito.

Se supone que las políticas y procedimientos deben servir al equipo, no al revés.

CAPÍTULO 9

EL PROBLEMA INTERPERSONAL

"No pienso trabajar para ese idiota"

Cuando pensamos en equipos, nos imaginamos el equipo perfecto. Los miembros son autónomos, inteligentes, siempre dispuestos a completar una tarea cuando otro tiene que irse. Son una combinación de ángeles y personajes dibujados de los avisos de ropa.

Los equipos ideales están formados por personas perfectas, cuyos egos e individualidades han quedado absorbidos por el objetivo mayor del grupo. Los equipos verdaderos –los suyos– están formados por personas que viven, respiran y son muy imperfectas. Y existen posibilidades de que su grupo incluya sujetos verdaderamente estrafalarios. Según nuestra experiencia, en especial durante la etapa de formación, casi todos los miembros de un equipo quedan desconcertados por las personalidades de los demás. X es meticuloso, Y es un demente y Z es un absoluto idiota.

Es con *eso* con lo que tenemos que trabajar, y esta es una de las principales razones por las cuales fracasan los equipos. Para impedir que un grupo se autodestruya debido a las diferencias personales, los conflictos y los malentendidos, tenemos que ir más allá de las primeras impresiones, de las expectativas de perfección, y meternos en el lodazal de lo que significa ser humanos, aprendiendo cómo tolerar a aquellos que no son tan maravillosos como nosotros.

La lógica del malentendido

Hasta los mejores equipos sufren reveses continuos debido a simples malentendidos. Raras veces lo que pretendemos comunicar (lo que transmitimos) es exactamente lo que logramos comunicar (lo que recibe la otra parte).

¿Por qué pasa esto? En una palabra: diversidad. Todos tenemos mentes, inclinaciones y puntos débiles diferentes. Provenimos de culturas distintas, tanto étnicas como familiares. Nuestras historias no son iguales. Tenemos cerebros diferentes dentro de nuestras cabezas.

Cuando el mensaje transmitido no es el mensaje recibido, el resultado no siempre es la catástrofe. Más bien se parece a un avión que, sutilmente, se encuentra fuera de control. No se estrellará; permanecerá en el aire. La gente que viaja en su interior pensará que todo va bien, porque las millas corren en el odómetro. Mirando por las ventanas, los pasajeros estarán seguros de viajar hacia su lugar de destino, a pesar de que cada vez se alejan más y más.

> *Sé que piensas que entiendes lo que has pensado*
> *que dije.*
> *Pero no sé si lo que has escuchado es lo que he querido*
> *decirte.*

En nuestras organizaciones desperdiciamos miles de millones de dólares cada año por los malentendidos y ambigüedades en que todos participamos cada día. Lo peor de este increíble despilfarro es que no aprendemos nada de ello. Siempre pensamos que la culpa es del otro por haber transmitido o recibido mal el mensaje. Nosotros somos los buenos; ellos los idiotas. Sin embargo, en estos clásicos problemas de comunicación no hay buenos y malos.

Los malentendidos suelen producirse por la simple razón de que los individuos implicados se comunican en distintas longitudes de onda. El modo en que uno se comunica con otros está determinado en gran medida por la clase de persona que se es, por su estilo de conducta.

Para prevenir estos problemas de comunicación, es fundamental estar muy alerta tanto al propio estilo de conducta como al de la persona con quien se habla. Tenemos que reaprender a comunicarnos con otros reconociendo sus naturalezas diferentes y siendo sensibles a sus necesidades.

La imagen perfecta y la variación humana

La imagen sublime que aparece en los artículos de las revistas no existe. En realidad, la actitud alegre hacia los equipos, simbolizada en libros, artículos y presentaciones, es engañosa. Los equipos no pueden resolver todos los problemas de su organización. Nada puede hacerlo.

La horrible verdad es que los miembros de sus equipos serán personas como todas las demás. Es posible que sean inteligentes en una o dos áreas, pero serán normales o estarán por debajo de lo normal en otros temas... temas que tienen relación con el éxito del conjunto. Los individuos tienen altibajos. En su equipo habrá miembros clínicamente depresivos o con serios desórdenes de personalidad. También tendrá integrantes a los que no pueda soportar.

Tendrá personas que en el pasado han sido magníficos colaboradores, pero cuyo cerebro simplemente ha perdido eficiencia. Sus neurotransmisores no disparan con la misma rapidez o regularidad que quince años atrás, o han sido dañados por el alcohol o por algún accidente.

Usted se irá a su casa pensando que tiene el mejor equipo del mundo, pero a la mañana siguiente descubrirá que una de sus estrellas ha sido arrestada o está muerta.

Habrá algunos cuyo criterio varía bruscamente de un día al otro: un sabio el lunes, un necio el jueves.

Estas son realidades deprimentes. No las decimos para desanimarlo, sino para recordarle que sus problemas laborales no son más que un aspecto de los problemas que encuentra en la vida misma. Los artículos que describen una imagen perfecta no le cuentan eso. Nosotros sí.

Las personas no son iguales. Son tan distintas como las huellas digitales. Y no sólo en un sentido, por preferir las carnes blancas o rojas o por ser vegetarianas. Las personas se diferencian en innumerables aspectos: gustos, aversiones, miedos, alegrías, la manera en que piensan y deciden, su modo de trabajar y comunicarse. Los equipos tienen éxito cuando reconocen estas variaciones naturales y valoran las diferencias entre sus miembros.

Cuando empezamos a hablar de diferentes tipos de personalidad, suele pasar que alguien sugiera el Inventario de Tipos Myers-Briggs (ITMB) como herramienta. Éste indica una manera de observarse a uno mismo y se ha convertido en una especie de juego psicológico de salón. Muchas personas han hecho el test, y los resultados obtenidos las ayudan a entenderse a sí mismas, y también a perdonar a aquellos que han nacido con características diferentes. Es un sistema muy interesante, y resulta especialmente valioso en la tarea del autodescubrimiento.

Pero cómo se ve a usted mismo o cómo es en su interior no tiene gran interés para el equipo. Lo que sí importa es la forma en que usted se comporta, cómo trata a la otra gente y cómo exige ser tratado. Después de todo, no pretendemos curar nuestras almas; sólo procuramos mejorar la comunicación, aclarar algunas conductas confusas y lograr que la gente trabaje en grupo con más eficacia.

En el mundo laboral, por lo general nos importa un comino cómo son las personas por dentro. Después de todo, eso es asunto de ellos. Pero la forma en que actúan –e interactúan– resulta esencial para la empresa. No es necesario que dos personas se agraden mutuamente para que puedan producir juntas. Lo único que tienen que hacer es "llevarse bien"

David Merril, un psicólogo de Denver, describe cuatro perfiles o zonas aproximadas en la conducta humana.[1] Se trata de un método muy útil para pensar en las diferencias de conducta. Cada una de estas cuatro zonas es una especie de "lugar de base" que, día tras día, los demás ven que usted ocupa. Juntos, los cuatro lugares de base forman un gran cuadrado, como el que se muestra en la página 80.

Piense en el diagrama como en un mapa: es el universo de la personalidad, donde pueden distinguirse claramente los cuatro puntos cardinales. De izquierda a derecha evalúa la asertividad, de la pasividad reactiva a la actividad proactiva, o de "preguntar" a "decir". De arriba hacia abajo evalúa la sensibilidad, si reaccionamos de una manera controlada y orientada hacia la tarea (arriba) o de un modo emotivo y orientado hacia las personas (abajo). De este modo un "exigente" es una combinación de orientado hacia la tarea y proactivo. Un "expresivo" es una combinación de proactivo y orientado hacia la gente. Un "afable" es orientado hacia la gente y reactivo, y un "analítico" es una combinación de reactivo y orientado hacia la tarea.

Al representarse mentalmente cada uno de los cuatro tipos, trate de determinar qué clase de persona se considera usted.

° **Analíticos**: son esencialmente perfeccionistas, personas que no sirven el vino ni se precipitan a actuar antes del momento indicado. Lo mejor que tienen es que aciertan nueve de cada diez veces, porque dedican tiempo,

---

[1] De conversaciones con David Merril de Tracom, Denver.

Analítico	Exigente
Valor clave: trabajar con las circunstancias existentes para promover la calidad en productos y servicios.	**Valor clave:** configurar el entorno superando las resistencias para obtener resultados inmediatos.
Orientación: pensamiento.	**Orientación: acción.**
Tiempo: pasado.	**Tiempo:** presente.
Afable	**Expresivo**
Valor clave: cooperar con otros, procurar que la gente se sienta incluida y cómoda con el proceso.	**Valor clave**: configurar el entorno y promover la alianza entre los otros para generar entusiasmo por los resultados.
Orientación: relaciones.	**Orientación**: intuición.
Tiempo: depende de con quién están en el momento.	**Tiempo**: futuro.

reflexión y un examen racional a cada cuestión que se les presenta. Su fuerte son los hechos. Su principal virtud es la paciencia, y ésta también puede ser su ruina: una clase de cautela que paraliza, no por miedo sino por la determinación de comprender por completo un problema antes de intentar una solución. Presionado al límite, la respuesta del analítico suele ser correr a resguardarse hasta que termine el tiroteo. Adjetivos que suelen adjudicarse a los analíticos: *criticón, indeciso, obstinado, quisquilloso, moralista, industrioso, persistente, serio, confiable, ordenado.*

° **Afables**: son esencialmente "como la gente", considerados con los otros y con un gran nivel de empatía. Son los "ositos cálidos" del mundo. Su orientación es el pasado, el presente, el futuro... donde sea que la gente tenga necesidades, y pueden resultar heridos. Son los mejores coordinadores del mundo, precisamente porque dedican tiempo a escuchar a todas las partes. Por supuesto, ellos tienen sus opiniones... pero suelen estar más interesados en conocer las de usted. Su principal virtud es la manera en que comprenden las relaciones. Presionados al límite, su respuesta suele ser ceder. Adjetivos que suelen adjudicarse a los afables: conformista, inseguro, que busca congraciarse, dependiente, torpe, colaborador, respetuoso, dispuesto, digno de confianza, agradable.

° **Exigentes**: éstas son las personas que dicen "dejadme hacerlo a mí" Están firmemente arraigados en el momento presente, y son amantes de la acción. Su fuerte: los resultados. Si usted quiere conversar sobre un trabajo, hable con alguno de los otros tres tipos; si sólo quiere que se haga, busque a un exigente. A ellos no les interesa demasiado la exploración interna, pero siempre son los que se ganan el pan. Pueden ser terriblemente autocríticos, y no les gustan las charlas ociosas. Presionados al límite, los exigentes se convierten en tiranos. Adjetivos que suelen adjudicárseles: insistentes, severos, agresivos, dominantes, duros, voluntariosos, independientes, prácticos, decididos, eficientes.

° **Expresivos**: tienden a ver la totalidad; siempre buscan una perspectiva nueva del mundo que los rodea. Están orientados hacia el futuro, tal vez porque es allí donde nadie puede pincharles sus grandes sueños. Si usted quiere recibir una respuesta directa, los expresivos no son los más indicados para dársela. Si busca intuición y creatividad, son perfectos. Si quiere tener una fiesta maravillosa, invite a muchos de ellos. Presionados al límite, los expresivos pueden reaccionar con brutalidad y atacar. Aunque casi siempre son alegres, se toman muy en serio el mundo que crean en sus cabezas. Adjetivos que suelen ser adjudicados a los expresivos: *manipulador, irritable, indisciplinado, ególatra, ambicioso, estimulante, excéntrico, entusiasta, histriónico, amigable.*

Ahora bien, en los equipos solemos encontrar todas estas clases de conductas mezcladas y esperamos que se comuniquen. No se trata de una expectativa irracional: somos todos formas de vida basadas en el carbono, somos todos bípedos sin plumas y por lo general hablamos el mismo idioma.

Pero, vamos... ¿poner a un analítico en la misma habitación con un expresivo? ¿A un exigente con un afable? ¿A un exigente con un expresivo? Imagine una cita entre, eh...

- Isaac Newton y Madonna
- Charles de Gaulle y Oprah Winfrey
- Cleopatra y Mijail Gorbachov

... y así tendrá una idea de lo que puede resultar de la conversación. Es posible que se adoren el uno al otro, pero en general, estos tipos son tan diferentes (por fuera y por dentro) que combinados suelen ser incompatibles, incluso tóxicos. Es posible que ahora mismo usted integre un equipo que incluya, con sutiles diferencias, a algunos de estos personajes. También es posible que un grupo tan diverso esté experimentando verdaderos problemas de comunicación.

Nosotros no podemos resolver todos los conflictos que experimente su equipo en este sentido, pero podemos ayudarlo a mejorar su propia comunicación con los demás. Primero, identifique su propio estilo. ¿Se relaciona con los otros como analítico, afable, exigente o expresivo? Es probable que acepte uno de los cuatro estilos, pero que no lo haga de muy buena gana por las características negativas asociadas con cada uno.

Segundo, adapte su estilo para que coincida con las necesidades de los otros integrantes. ¿Puede hacerlo? Sí y no. Probablemente, pasar de un estilo a su opuesto –de un analítico puro a un expresivo puro– le haría estallar la cabeza. Pero usted puede suavizar su estilo y aprender a comunicarse de otras maneras.

Aquí tiene algunas sugerencias para relacionarse con cada uno de los cuatro estilos.

Con los *exigentes*, procure:

- Ser breve e ir directo al grano. Piense en la palabra "eficiente"
- Limitarse a los negocios. Evitar las charlas ociosas. Abordar las cuestiones pendientes. Disipar ambigüedades. Procure no divagar. Si empieza a especular, perderá su atención.
- Ir preparado. Conocer los requisitos y objetivos de la tarea en cuestión.
- Organizar sus argumentos en un "paquete" claro. Presentar los hechos en forma ordenada y lógica.
- Ser amable, no amistoso. No sea mandón... a los exigentes no les gusta que les exijan.
- Formular preguntas específicas.
- Si discrepa, hágalo con los hechos, no con la persona.
- Si concuerda, apoye los resultados y a la persona.
- Cuando termine, váyase. No holgazanee.

Con los *expresivos*, procure:

- Satisfacer sus necesidades sociales mientras habla del trabajo. Entretenga, estimule, sea vivaz.

- Hablar de sus objetivos así como de los del equipo.
- Ser extrovertido: las personas fuertes y silenciosas no se comunican bien con los expresivos.
- Disponer de tiempo. Ellos son más eficientes cuando no se los apura.
- Preguntarles sus opiniones e ideas.
- Tener presente la totalidad, no los detalles técnicos.
- Apoyar sus argumentos con ejemplos que incluyan a personas que ellos conocen y respetan.
- Ofrecer acuerdos especiales, bonificaciones e incentivos.
- Mostrar un verdadero respeto; nunca se debe hablar con altivez a un expresivo.

Con los *afables*, procure:

- Romper el hielo; esto demuestra su compromiso con la tarea y con ellos.
- Mostrar respeto. Los afables se sienten heridos cuando son tratados con condescendencia.
- Escuchar y ser sensible. Tómese su tiempo. Escuche toda la historia.
- No tener ninguna actitud que pueda resultar amenazante. Sea informal. Un estilo brusco y autoritario hará que los afables huyan de inmediato.
- Sonsacar sus opiniones formulando preguntas.
- Definir de qué modo quiere que contribuyan con la tarea.
- Garantizar que ninguna decisión implicará un riesgo, un daño o una amenaza para otros. Pero no haga ninguna promesa que no pueda cumplir.

Con los *analíticos*, procure:

- Prepararse de antemano.

- Tomarse su tiempo, pero ser persistente.
- Apoyar los principios que sostienen. Demuestre que valora su método reflexivo.
- Cubrir todas las posibilidades. No deje nada librado al azar.
- Preparar un programa para cualquier plan de acción. Sea específico en cuanto a roles y responsabilidades.
- Ser claro. La desorganización o el desorden en las presentaciones los ahuyenta.
- Evitar las discusiones emotivas. Nada de lisonjas ni halagos.
- Cumplir lo que dice. Con un analítico lo peor que puede hacer es faltar a su palabra, porque ellos no lo olvidarán.

○ ○ ○

Lo que le sugerimos no es que se convierta en un camaleón, cambiando de colores para que coincidan con los de la persona que tiene delante. Más bien lo instamos a que trate de ver las cosas con los ojos del otro, que comprenda sus necesidades y preferencias.

Para las personas con flaquezas en un área, por ejemplo visionarios que tienden a desmayarse cuando se enfrentan a cuestiones prácticas, es importante delegar la autoridad o redoblar los esfuerzos para que piensen en forma concreta. En la comunicación corriente, es igualmente crítico que los de un tipo sepan lo que capta la atención de los demás.

Usted no es una rata dentro de una caja, capaz de brindar una única respuesta a cada estímulo. Es un ser humano con innumerables alternativas en cada situación. Le sugerimos que indague la naturaleza y las necesidades de los demás, y que se adecue a ellas cuando sea posible.

Cuando lo haga, descubrirá que las otras personas le responden del mismo modo. Esta adaptación recíproca es una dimensión más del trabajo en equipo.

Tratar con personas difíciles

Hasta ahora, en este capítulo hemos hablado sobre la gama normal de personalidades que pueden influir sobre el desempeño de un equipo. Siempre que las intenciones sean buenas, tendrán excelentes posibilidades de comunicarse con precisión. Por desgracia, existen otros tipos de individuos cuyas intenciones no son tan buenas, y cuya conducta no es tan maleable. Para ellos se necesita un tratamiento especial.

Los insufribles del equipo

Todos podemos comportarnos como idiotas cada tanto: personas groseras que no tienen conciencia de la forma en que se relacionan. Pero el verdadero insufrible va más allá de la estupidez normal. Es el insufrible por excelencia. Comparados con él, nosotros somos unos principiantes.

El insufrible del equipo suele ser su miembro más talentoso, y es posible que haya hecho contribuciones muy importantes a la empresa. Su especialidad son las ideas: nuevas tecnologías, productos, procesos, aplicaciones y combinaciones de cosas existentes; ideas de marketing. Extraordinariamente inteligentes y creativos, cuando están motivados son como dínamos, y emanan ideas como los sujetos corrientes exhalan dióxido de carbono.

Pongamos por ejemplo a Alberto. Es una prima donna respecto de su talento. No se atiene a las reglas que siguen otros miembros del equipo. Exige que la gente le preste atención, pero él ignora a los demás. La comunicación con Alberto se ha deteriorado tanto que el equipo simplemente no le habla... aunque todos esperan ser incluidos la próxima vez que tenga una gran idea. Cuando los miembros del equipo tratan de incluirlo en sus cosas, él no les hace caso.

Un buen arquetipo de Alberto es el programador de software que es un genio con C++, pero cuyas aptitudes sociales son horrendas. Uno detesta perder su talento, pero está cansado de su arrogancia, sus excentricidades y su desprecio. Además no le vendría mal bañarse un poco más seguido.

¿Qué se puede hacer con un tío como Alberto? Primero, reconocer que él no tiene la culpa de su personalidad. Nadie pide nacer con la precisa colección de talentos y peculiaridades que tenemos. El insufrible suele haber sido bendecido con una gran creatividad, pero maldecido con una personalidad espantosa.

Existen dos impulsos muy opuestos en la persona creativa. Uno son los patrones internos, aptitudes preciosas que, en muchos sentidos, son el secreto de su éxito. El insufrible creativo no deja de decirse a sí mismo que debe ser leal a ese patrón interno. El otro impulso nos resulta más familiar: la necesidad, compartida por todos, de ser reconocido por los demás. El problema radica en que los dos impulsos no se reconcilian con facilidad. Las personas especialmente brillantes luchan en todo momento para determinar a cuál de los dos darán prioridad.

Segundo, comprenda que, seguramente, lo que está a la vista no es todo lo que hay. Quienes actúan con arrogancia suelen ocultar profundas inseguridades. Los que se ríen en su cara bien pueden llorar en cuanto usted se ha ido. Es muy posible que su problema sea la incapacidad para comunicar lo que ocurre dentro de ellos. El triste secreto de muchos del tipo creativo es que experimentan más estrés y dolor que los otros miembros del equipo.

Además, un individuo que es susceptible a las tremendas presiones laborales probablemente tampoco sea inmune a las presiones del hogar. Es posible que tras esa conducta inadecuada acechen problemas mucho más difíciles de resolver: conflictos maritales, abuso de drogas o enfermedades mentales. Históricamente, los genios creativos siempre han tendido a volver en su propia contra los talentos de su hemisferio derecho.

Tercero, vea si el equipo mismo contribuye a crear el problema. Es posible que los miembros aíslen inconscientemente a una persona semejante, por el simple hecho de ser diferente. O tal vez las reglas y políticas del grupo sean demasiado estrechas como para incluir a alguien con demasiados... digamos, bríos.

No obstante, después de terminar con las adaptaciones, siempre le quedará el problema de que Alberto es Alberto. Puede cambiar el mundo entero para que se adapte a ciertas personas, pero éstas continuarán comportándose como idiotas.

Aquí tiene una idea drástica: ¿por qué no preguntarle a él lo que quiere? Consúltele si quiere continuar como miembro del equipo. Pregúntele si le gustaría cambiar algo: ante quien reportarse, cuándo y con qué frecuencia reunirse, si trabajar con todos o desde una ubicación remota.

Aclare que está buscando una solución que le permita seguir siendo él mismo, realizar su trabajo con la calidad acostumbrada y contribuir de alguna manera con el equipo... además de aliviar los conflictos de personalidades que abruman a todos. Si él considera que está en pie de guerra con el equipo, es posible que se muestre muy desconfiado ante tanta diplomacia. Por lo tanto usted debe ofrecerle todo su apoyo y a la vez ser muy franco.

La solución puede ser cambiar su designación. Apártelo del equipo por ser un miembro que aporta valiosos recursos. Conviértalo en una unidad en sí mismo, con una relación indirecta con el grupo, como fuente de referencias, portavoz o gurú tecnológico. Destínele una oficina en otro edificio, o incluso en otro continente. Cómprele unas zapatillas con conejitos y que permanezca trabajando en su casa comunicado por el ordenador.

No obstante, trate de no enviar a su genio solo al medio de la jungla. La idea de la separación puede sonar bien, tanto para él como para el equipo, pero puede salirle al revés. Es muy probable que Alberto necesite contacto humano para no volverse completamente loco o caer en la depresión. El equipo al que desprecia e ignora puede constituir su salvavidas.

Tal vez la mejor solución sea que el equipo acepte el hecho de que necesita a Alberto, y que él, aunque no dé muchas señales de ello, necesita al equipo. ¿Por qué no hacer un esfuerzo conjunto para que Alberto reciba lo que necesita: admiración, apoyo y comprensión? Sólo por el hecho de que no actúe de una manera particularmente humana no significa que sea inmune a los sentimientos humanos. De tanto en tanto, todos necesitamos una palabra, una palmada en la espalda.

Ahora que ha captado su atención, permita que su valoración recién encontrada sea la base para generar una nueva alianza entre usted y ese individuo. Una vez que él lo considere un verdadero admirador, usted estará en condiciones de hacer algo. Reconozca sus talentos, rodéele los hombros con el brazo y diga: "Escucha, para que todo ese talento pueda florecer, tenemos que hacer algo respecto de esas conductas autodestructivas"

No aplique la medicina –el cambio de conducta– hasta haber suministrado la golosina del estímulo y la comprensión. Y cuando llegue el momento de poner nombre a esos comportamientos insoportables y autodestructivos, sea específico. No sirve de nada usar términos pesados como: *idiota, arrogante, obtuso, hijo de puta,* etc.

En lugar de ello, diga:

- "Me parece que eres demasiado violento en las reuniones, que lastimas los sentimientos de la gente y te ganas enemigos"
- "Me parece que no sabes aceptar las críticas. Cuando te pregunté por tu diseño en la reunión del jueves, te levantaste y abandonaste la sala"
- "Me parece que te gusta hacer bromas crueles, y no sabes lo mal que haces sentir a la gente con eso"
- "Julia, la transcriptora, renunció ayer porque tú le gritaste"
- "Dejé seis mensajes en tu escritorio y nunca me contestaste"
- "Tú pones a Guns 'n Roses cuando el resto tratamos de leer los boletines profesionales"

Esta clase de creativos tiene una llama piloto muy fuerte. Siempre trabajan más duro que el resto de la gente. Y mientras todos contamos con un refugio interno al que descendemos cada tanto en la vida, ellos siempre acampan afuera, profundamente concentrados en aquello que tratan de crear o alcanzar. Casi parecen pertenecer a otra raza: nosotros somos tortugas y ellos caballos de carrera. No es de extrañarse que tengan problemas para adaptarse a nuestro paso cansino.

Algo a tener en cuenta es que no se los puede ayudar aminorando su ritmo. Para ellos el estrés suele ser menor cuando aumenta su nivel de actividad. Nunca le diga a un caballo de carrera que dé unas vueltas al paso. Los creativos y ganadores suelen ser una subespecie de adictos al trabajo, y éstos suelen morir poco después de la jubilación.

Ya sean genios-insufribles o cualquier otra cosa, ¿las personas pueden controlar su naturaleza básica y modificarla? ¿Cuántos equipos han logrado la clase de transformación necesaria como para dar vuelta una carrera?

E incluso cuando los resultados son buenos, es posible que el proceso no haya terminado. Una persona que se ha enemistado con todos sus compañeros de equipo descubre que no todos confían en su transformación. Como en la historia del "pastorcito mentiroso", el "genio que ha dejado de ser (tan) insufrible" descubrirá que le resulta difícil convencer a muchos de sus colegas. En cierta medida, las personas casi prefieren la previsibilidad de una mala conducta a la incertidumbre de un comportamiento más sensible. Por lo tanto, aparte del individuo tienen que cambiar otras cosas. En ocasiones el equipo tiene que modificarse junto con él (o ella).

Los fanfarrones del equipo

En la antigua fábula de Esopo, había una sola cosa que se interponía entre los ratones y la felicidad: el gato. Por lo tanto los ratones se reunieron y votaron la manera de eliminar el peligro para siempre: atarían un cascabel alrededor del cuello del gato. De este modo, el enemigo no podría acechar y devorar otra presa. El único problema radicaba en conseguir voluntarios para atarle el cascabel.

Lo mismo pasa con los equipos. En casi todos hay un miembro, ya sea un líder o un par, que no puede contener el impulso de controlar las actividades del grupo. Incluso cuando hay poco tiempo y mucho trabajo, estos fanfarrones creen que necesitan llamar la atención. Son personas que hablan mucho, todo el tiempo y es imposible pararlos. A ellos les gusta iniciar distracciones, y por lo general controlan los procedimientos del grupo.

¿Qué puede hacer el equipo para suprimirlos? Ponerles un cascabel no funciona... una vez vimos que lo intentaron, pero el fanfarrón se lo sacó. De todos modos hay otras soluciones.

Los recursos más convencionales son de naturaleza ejecutiva. Son remedios anticuados, y autocráticos, de la era previa a los equipos, en los cuales el líder hace callar a los charlatanes y estimula a los silenciosos. El más drástico es el simple despido del sujeto en cuestión. Ésta puede parecer el arma perfecta para toda clase de problemas de personalidad, pero tenga cuidado. El despido:

- es injusto; en realidad usted despacha a una persona por contribuir demasiado;
- puede provocar un litigio; no hay nada como un pleito al equipo para juntar a la gente;
- socava sutilmente la autoridad del líder; demuestra que uno no es capaz de manejar una situación simple;
- es ineficiente; usted ha arrojado al bebé con el agua de la bañera, desperdiciando a todo un integrante del equipo para eliminar un solo defecto.

Algunos "ponen en cuarentena" a los miembros arrogantes; los convierten en unidades móviles para sacarlos de la oficina central. Pero, aquí también, apartar a las personas expresivas de su ambiente regular, es un desperdicio de talento. Además, casi siempre es mala idea cambiar las especificaciones de un trabajo para que se ajusten a un individuo.

En las reuniones, algunos líderes "le ponen el cascabel al fanfarrón" mediante recursos como aislarlos artificialmente de los procesos de equipo, asignarles la tarea de proyectar las diapositivas u operar la perilla de la luz al fondo de la sala. Si un fanfarrón está hablando, es posible interrumpirlo: el sonido de dos voces que compiten tratando de captar la atención suele ser demasiado, incluso para ellos.

Algunos líderes les dan la espalda a los charlatanes: uno no refuerza lo que no ve. Es posible ignorarlos. Si levantan la mano constantemente, no los mire. Si interrumpen, sonría y diga: "Nos ocuparemos de eso después"

Pida ayuda a los otros miembros del equipo. "Vamos amigos, no permitamos que Andrea haga todo el trabajo. ¿Quién más tiene una idea? ¿Quién está de acuerdo con Andrea? ¿Quién no?"

Si el fanfarrón no parece inmutarse ante estos intentos, llévelo aparte durante un descanso y háblele en términos bien claros: "Estás distrayendo al grupo del programa previsto. Si persistes en ello, no podremos trabajar. Si no puedes ajustarte al programa, no eres bienvenido aquí".

La herramienta principal para combatir la distracción es el programa. Aténgase a él a toda costa. Esto lo ayudará a no convertirse en "el malo". Diga: "Jorge, eso es muy interesante, pero no es lo que habíamos planeado analizar hoy". Descargue la responsabilidad de disciplinar el proceso en el programa. Usted no se opone... sólo mantiene las cosas encarriladas.

Aunque alguien trate de dominar a los demás, no tendrá más remedio que respirar. Cuando se detenga para hacerlo, intervenga diciendo: "Jorge, eso es muy interesante, ¿cómo se relaciona con el programa que tenemos que tratar?" También puede decir: "Jorge, eso es interesante, pero déjame escuchar también lo que tienen que decir los demás". Entonces aparte la vista de él o ella y pida opiniones a otras personas.

Algunos líderes de equipo realizan acciones preventivas: le cortan el paso antes de que distraiga al equipo. Cuanto más pueda hacer antes de que un equipo se reúna, elaborando una idea acabada de las tareas en cuestión, mejor saldrá la reunión.

Existen soluciones sociales para el problema de los fanfarrones: formas de comunicar que los charlatanes tienen que aplacarse y que los introvertidos necesitan reunir el coraje suficiente para hablar. Considere la posibilidad de arrojarle un hueso al fanfarrón. En ocasiones las personas que buscan llamar la atención se satisfacen con muy poco. Diga: "Buena idea, José. ¿Alguien más?" No es necesario que sea un hueso grande, pero nunca trate de aplacarlo con un halago ("Raúl, ¡tienes tantas ideas interesantes!").

Lo peor que se puede tener en un equipo es la persona que piensa en negativo. "Ya lo intentamos, y no funcionó", es su cachiporra favorita. Una táctica es dar vuelta su negatividad: "¿Cómo harías para que esta vez funcione?" "¿Cómo podríamos superar esos obstáculos?"

El desequilibrio entre personas tímidas y demostrativas puede constituir un problema importante para la interacción del equipo. ¿Cómo se llega al equipo ideal –donde todos participan y contribuyen– si una persona sofoca a otras tres? Un buen manager sabe cómo evitar ser aplastado por un conductor compulsivo de conducta Tipo A; por personalidades autoritarias que consideran natural que los demás los obedezcan; y por "manipuladores maquiavélicos", personas que buscan un cuello donde afilar su hacha... el suyo.

Agregue las deferencias culturales que suelen concederse a los varones, a las personas con voces atronadoras, a la gente alta y a la ventaja natural proporcionada por la jerarquía institucional, y tendrá un montón de cosas que superar.

Los líderes deben planear por anticipado sus soluciones a estos problemas. Estructure la información de modo que, desde el comienzo de la reunión del equipo, la gente sepa lo que se espera de ella, lo que está permitido y lo que se considera incorrecto. Anuncie que quiere el aporte de todos, no sólo el de una o dos personas. Sabiendo esto, los individuos tienen menos probabilidades de sojuzgar al equipo.

Desafíelos a demostrar que su opinión es esencial, que tienen algo importante que decir, y que no hablan sólo para escuchar el sonido de su propia voz. Mírelos a los ojos y pregunte: "Si pudieras explicar tu posición en 25 palabras, ¿que dirías?"

Procure que estén de su lado. "Me gusta lo que dices, pero tengo poco tiempo para explicar mis ideas sobre esto... ¿puedo empezar?" De ser necesario haga callar al fanfarrón: "No tengo una respuesta para la cuestión de los privilegios en el parking... estoy aquí para hablar sobre la estrategia del equipo".

Nuestra estrategia es "ecualizar" a los miembros del grupo mediante una técnica denominada "grupo nominal". El facilitador pide a los integrantes que, sin hablar, escriban las ideas que tienen sobre la inminente reunión. Luego él lee las ideas y de este modo controla los aportes. Este sistema puede utilizarse junto con las herramientas electrónicas, sobre las cuales hablaremos en un capítulo posterior.

Los mocosos del equipo

En su libro *Danger in the Comfort Zone* (AMACOM, 1991), Judith Bardwick describe una actitud que en los últimos años se ha infiltrado gradualmente en los lugares de trabajo... y que significa una muerte inevitable para el éxito del equipo. Ella la llama "sentirse con derecho". Es cuando una persona considera que el resto del equipo, o la organización como conjunto, está obligado a aceptarla como miembro. Si le parece una idea demasiado abstracta, piense en cómo lo llamaban sus padres cuando usted actuaba así a los 5 años: mocoso malcriado.

En los viejos tiempos no existía el síndrome del mocoso malcriado porque ninguna organización malcriaba a sus trabajadores, exceptuando a los pocos afortunados que alcanzaban la cima. Pero en el siglo XX se ha ido desarrollando la creencia –compartida por muchas naciones y sistemas, desde capitalistas hasta comunistas– de que la gente tiene el derecho inherente a recibir un trato justo, un salario digno y condiciones laborales decentes.

Esto no suena tan mal. En realidad, seguramente usted coincidirá en que todas las personas deberían tener estas cosas garantizadas. El problema es que con el correr del tiempo –y considerando el carácter de la naturaleza humana–, las personas comenzaron a aprovecharse de estas premisas. En muchos casos, la gente decidió que en los nuevos contratos entre la empresa y los integrantes de los equipos, todas las obligaciones debían correr por parte de la organización.

Con gran frecuencia, las personas están demasiado cómodas y tienen muy poca responsabilidad. Durante años, han estado triunfando en forma individual sin necesidad de contribuir al éxito de sus equipos.

Los malcriados dicen: "Tengo lo que tengo es porque el equipo me lo debe. Lo obtengo sólo por existir, no por hacer". El Síndrome del Mocoso Malcriado aparece en todos los niveles. Es el CEO que insiste en recibir una bonificación de U\$S 5 millones y un costoso plan de indemnización, a pesar de las desventajas para los inversores y la implacable reducción de personal. Es el inversor que sufre de miopía y sólo se interesa en el rédito que puede obtener, no en lo que la empresa fabrica o suministra. Son los privilegios de algunos funcionarios durante los recortes presupuestarios. Son los sindicatos que exigen un 95 por ciento del salario para los obreros que no están trabajando.

Al nivel del equipo, los malcriados son los miembros que esperan que otro lidere, se ofrezca como voluntario, comparta información o corra riesgos. Son las personas que se ocultan detrás de una función ("Yo estoy en marketing; tienes que hablar con los de ventas"). Son los que se quejan por las remuneraciones cuando el equipo no ha producido nada valioso para la organización. Son los grupos con objetivos pobres y tareas inútiles, que insisten sin cesar en que trabajan a más no poder.

La terrible ironía es que la idea utópica de proporcionar una vida más segura para los trabajadores ha socavado el viejo sueño americano. El Síndrome del Mocoso Malcriado es una de las principales causas de burocracia, guerras de territorio, servicios indiferentes y mala calidad en los productos.

También es la causa de un cambio en nuestro carácter, en nuestra ética, idea que Bardwick expresa en su libro. Cuando no somos considerados responsables por nuestros actos, es fácil racionalizar nuestros defectos:

Si nadie más trabaja tanto, ¿por qué iba a hacerlo yo?
Si nadie te descubre, no has hecho nada malo.
Un trabajo que no vale mucho tampoco
merece hacerse bien.

¿Cómo hace un equipo para combatir este síndrome cuando es incipiente? A través de la vigilancia y la intransigencia. Manteniéndolo encaminado hacia el logro de sus objetivos enunciados, y procurando asegurar que esos resultados sean verdaderamente factibles.

Los miembros de un equipo caen en el síndrome por dos razones fundamentales: sus objetivos son imposibles de alcanzar o se logran con demasiada facilidad. Los grupos necesitan el grado justo de compromiso, o de otro modo sus miembros se rebelan y adoptan actitudes desafiantes.

Para lograr un compromiso honesto por parte de un equipo, es imprescindible el liderazgo. La primera orden que deben cumplir los líderes es despejar cualquier indicio del síndrome en la cima. Ningún equipo dejará de lado sus actitudes perjudiciales si a la gente de mayor jerarquía se le permite continuar haciendo lo que quiera.

Luego el líder ejerce presión. Las personas cumplen, o se marchan. Pero la presión debe ser para lograr un resultado muy específico. Las recompensas tienen que premiar cosas importantes, no tareas de relleno. La gente debe sentir que sus tareas son valiosas. Aquellos que, incluso después de un tiempo de instrucción, no son capaces de cambiar para volverse más responsables, deben ser detectados y reemplazados.

Este cambio de actitud no es nada sencillo. Por definición, implica dolor y ansiedad. El Síndrome del Mocoso Malcriado es como la droga que nos aturde. Pero al final de este éxodo de ansiedad está la posibilidad de un gran éxito y una enorme satisfacción. La experiencia de alcanzar este éxito hace que valgan la pena los dolores sufridos.

Ángeles siniestros

Hay personas que no deberían participar de ningún equipo, nunca jamás. No nos referimos a los solitarios o tímidos terminales. Ellos pueden. Hablamos del equivalente organizativo de los zombis. Si uno tomara el modelo médico, diríamos que son sociopáticos. Si usted es un moralista, los llamará malvados. Si se inclina más hacia lo sobrenatural, puede denominarlos ángeles siniestros.

Un ángel siniestro puede adoptar varias formas:

=   *El adicto.* El que actúa como un loco por algún problema personal.

=   *El ogro.* El que actúa impulsado por un odio antisocial.

=   *El tramposo.* El que no tiene ningún reparo en cruzar las barreras de la ética.

=   *El fanático.* El que coloca el logro de sus objetivos por encima de todas las reglas y políticas.

Esto es lo que puede llegar a hacer un ángel siniestro: un equipo de cinco personas fue formado para estudiar la viabilidad del marketing directo para un nuevo producto. Todos parecían tener un espíritu de equipo razonable, con excepción de Rogelio. Lo cual era extraño, porque Rogelio, un mago en lo que se refería a órdenes por correo, suplicó que lo dejaran formar parte del grupo.

Pronto empezaron los sabotajes. Informes que habían sido examinados con sumo cuidado fueron entregados con errores embarazosos. Programas cautelosamente sincronizados se desbarataban: aparecían personas convocadas a reuniones el día equivocado, o no se presentaban cuando tenían que estar allí. El software del sistema se cayó. Hasta faltaba dinero de la caja chica.

Todos estaban confundidos. Al principio pareció que se trataba de una mala suerte fenomenal. Pero cuando desapareció un archivo crucial del disco duro, todos empezaron a señalar con el dedo. Al ser acusado, Rogelio contestó con su mejor cara de "¿Quién, yo?", lo negó todo y declaró estar profundamente ofendido por la sugerencia de que había tratado de perjudicar al equipo. ¿Su agenda no había sido desbaratada también? Él era la víctima, no el victimario.

Fue muy persuasivo. Sólo cuando apareció un e-mail de alguien que había trabajado en otro equipo con Rogelio, preguntando si ellos experimentaban algún problema con los datos, la gente volvió a hablar con él. Nadie pudo entender sus motivos. No era para obtener una promoción ni para quedar bien, ni tampoco por una vendetta personal. Sólo era un tipo loco y podrido. Un ogro que odiaba su vida, su equipo, su trabajo... todo. Un destructor de planes bien trazados.

Los consultores de recursos humanos le indicarán cómo manejar toda clase de cuestiones personales. Pero nadie sabe bien qué hacer con un ángel siniestro como Rogelio. Estos sujetos son las bestias de la New Age, la píldora que envenena al equipo. El mundo maravilloso que hemos estado anunciando no tenía planeada su presencia. Pero allí están.

Con frecuencia no existen muchos incentivos para desembarazarse de los ángeles siniestros. Despedir a la gente es violento, desagradable y puede acabar en un litigio. Por eso miramos hacia otro lado y esperamos que la locura desaparezca. Un miembro con una personalidad adicta puede derrumbarse por el peso de sus propios problemas. El que tiene las características del ogro, impulsado por algún odio profundo, todavía puede producir con eficiencia. Las personas que se vuelven locas y empiezan a mover grandes objetos por la oficina con sus poderes telequinéticos, ¿a quién le molestan en realidad?

Un integrante inescrupuloso, demasiado competitivo o excesivamente celoso hace exactamente lo que fue contratado para hacer. Seamos honestos: en muchas organizaciones, la inescrupulosidad inmoral es un sendero probado que conduce hacia el éxito.

Estas personas no se detendrán porque les expliquemos los diez mandamientos. El filósofo y crítico social Scott Peck[2] afirma que la maldad no es una elección nuestra sino una fuerza externa con su propia realidad, que busca oportunidades de atacar al igual que un virus. Y por lo general las encuentra en los individuos que viven en el aislamiento, en personas tan enajenadas por su educación, sus circunstancias o su misma naturaleza, que no se detienen ante nada con tal de lograr sus objetivos.

Hay personas que pueden ser aconsejadas o enviadas a las oficinas de la compañía en la Antártida. A algunas puede dejarlas ir en silencio, aun sabiendo que muy pronto harán naufragar a otro barco. Incluso puede escribir la carta de recomendación, expresando lo que piensa de manera delicada.

Pero, como ocurre con los vampiros, hay personas que sólo le dejan una alternativa: atravesarles el corazón

---

[2] Scott Peck, *People of the Lie* (Nueva York: Simon & Schuster), 1983.

con una estaca de madera, antes de que ellos se la claven a usted.

La voluntad de trabajar en equipo

Como conclusión, creemos que la mayoría de las personas pertenecen a la gama normal. Para tratar con ellas sólo tenemos que reconocer las diferencias y averiguar qué queremos unos de otros. Una vez que tenemos esto en claro, podemos ponernos a trabajar y ganar algo de dinero.

Cuando usted empieza a conocer a la gente, resulta más fácil infundirle ánimos. El éxito del equipo es el éxito de todos, y ése es el fundamento del trabajo en grupo: el aprendizaje combinado con la *voluntad* de actuar en base a lo que aprendemos.

Esta voluntad de trabajar en equipo no parece muy importante, y sin embargo resulta crítica para el éxito del grupo. Sin ella, no sirven de nada la instrucción, las recompensas y reconocimientos, las reuniones, los anuncios, los consultores, los talleres de fin de semana, etc. Ningún equipo puede serlo en contra de su voluntad.

Los equipos llegan a este estado "voluntario" de una sola manera: a través del conocimiento y el interés mutuo. Deben estar presentes ambas cosas. Cuando no existe aprendizaje, conocimiento o información, no hay interés por los demás. Pero si las personas ya han decidido que les importa un comino, no puede haber aprendizaje.

Por lo tanto, dispóngase a cincelar a sus equipos. No es necesario que todos se quieran unos a otros. Pero en cierto sentido sí tienen que llegar a conocerse, a valorar las capacidades e individualidades de los demás. Encuéntrelos a mitad de camino con su propio respeto y comprensión, y todos juntos podrán impulsar los objetivos comunes.

101

Parte tres

Qué impide
el buen funcionamiento
de los equipos

CAPÍTULO 10

FALLAS EN EL LIDERAZGO

¿Quién está a cargo de esto?

"Liderazgo" es la palabra más usada en la literatura de las organizaciones. La mayor parte de las esperanzas dependen de ella. Todos concuerdan en que el liderazgo es vital para los equipos, en que es la clorofila que permite la fabricación del azúcar. ¿Pero qué es, exactamente, y cómo lo obtiene un equipo que no lo posee?

Cuando un equipo afronta dificultades, el problema suele ser su liderazgo. Una de las mejores maneras de comprender la conducción es prestar atención a lo que ocurre cuando ésta se encuentra ausente. No es nada bonito.

Las cosas dejan de ocurrir. Los managers adoptan un sistema mecánico para que el trabajo se realice. "Ante la duda, automatiza." La gente se siente molesta, decepcionada, hostil hacia su propia empresa. Si el trabajo se realiza, tiene un carácter mediocre. Entre el equipo existe una verdadera desesperación porque no hay nadie con quien desahogarse, nadie que pueda interceder para volver a encaminar las cosas.

Los integrantes se enfadan unos con otros; con el tiempo, estallan de rabia o implosionan de desesperación. O, peor aún, empiezan a girar en una órbita sin vida. El compromiso y la energía se van acabando. Lentamente, los individuos comienzan a alejarse del equipo. Para cuando el grupo lo nota, ya están realmente muertos.

Si le parece que nada peor puede pasarle a un equipo, tiene razón. El liderazgo es *así* de importante. En este capítulo examinaremos con atención lo que se necesita para ejercer un buen liderazgo, cómo puede hacer el equipo para contribuir con su conductor, y sugeriremos algunos nuevos modos de liderazgo que quizás no se le habían ocurrido. En realidad, si la conducción es fuerte y está intacta, existen pocos problemas que sean imposibles de superar. Pero desde un punto de vista práctico, pocas organizaciones han entendido lo siguiente:

- qué es exactamente el liderazgo
- cómo fomentarlo
- dónde termina y empieza el trabajo en equipo autónomo.

Examinemos a dos individuos que conocemos en la vida real, y la clase de liderazgo que ellos representan.

Ted H: caballo de batalla

Ted es un "jefe", un supervisor de manejo de equipaje en una importante aerolínea norteamericana. Su lugar de trabajo son las rampas de traslado de equipaje en el aeropuerto internacional de Denver. Al menos, eso se supone. Con mucha frecuencia, uno encuentra a Ted en las oficinas directivas de la aerolínea o en alguna otra parte del sistema, ayudando a resolver cualquier tipo de dificultades, desde cuestiones relacionadas con la motivación y la instrucción del personal hasta problemas con maletas extraviadas o con servicios.

Todos quedan conmovidos ante la energía de Ted y sus ideas para producir mejoras. Su manager lo describe como el prototípico estilo "bujía". Es técnicamente competente y muy efectivo como supervisor. Pero, como observa el manager, lo más valioso de Ted es que siempre está buscando maneras de mejorar el servicio de traslado de equipaje, y cada tanto incluso viaja a otras estaciones para trabajar en problemas internos de las unidades.

Ted es una de esas personas contagiosas. Lo impulsa a uno a participar, de una u otra manera, ya sea en forma directa pidiendo ideas o recursos, o de manera indirecta, como modelo. Según comenta uno de sus compañeros: "El lema de Ted parece ser: 'Lidera, sigue, únete o apártate... hay cosas que hacer'." Probablemente, Ted lo expresaría de manera más gráfica.

Una vez apareció ante la puerta de su jefe, se disculpó por molestar, y luego procedió a detallar los motivos por los cuales consideraba que había un mal manejo de equipaje y un pobre desempeño de los supervisores. Ted indicó que estaba dispuesto a contribuir para reunir un grupo de personas como él, con los cuales desentrañaría los problemas y sus posibles soluciones. Y tras eso, ¿el jefe supuso que un esfuerzo semejante gozaría del apoyo de los directivos?

De algún modo, el jefe comprendió que los directivos superiores no tenían lo que fuera que se necesitaba para desanimar a Ted.

Jim S.: guerrero silencioso

Jim es manager ingeniero de una gran compañía fabricante de equipos para cortar el césped. Es un sujeto callado y modesto, que viste la típica camisa blanca arremangada y "protectores de bolsillos". Es posible que de inmediato uno no lo identifique como potencia motivadora detrás de muchas actividades innovadoras para el desarrollo de un producto. Pero eso es lo que es.

Harvey conoció a Jim cuando participó en un taller de liderazgo patrocinado por la compañía. Jim fue uno de los pocos que levantó la mano ante la pregunta: "¿Alguien se ofrece como voluntario para este programa?"

Mientras Harvey trataba de comprender mejor los diversos procesos internos de servicio al cliente que existían en la compañía, notó que el nombre de Jim aparecía en todas partes como ejemplo positivo. Intrigado, Harvey decidió investigar un poco. Resultó ser que calladamente pero con eficiencia, Jim había estado aprovechando los recursos humanos y técnicos de la compañía desde hacía bastante tiempo. Se había hecho cargo de un grupo cuyo trabajo estaba retrasado, excedido en presupuesto y plagado de problemas de calidad... y había transformado los últimos nueve proyectos en los mejores según cualquier criterio.

Aquellos no fueron éxitos de laboratorio. En cada caso, Jim tuvo que trabajar con diferentes recursos organizados en muchos equipos de diversas funciones. Esto no siempre es la mejor receta para las actividades que requieren colaboración; no obstante, muchos informaron que en realidad "se divertían". Cuando se preguntó a las personas cómo hacía Jim para lograr esos resultados sorprendentes, las respuestas fueron cosas como: "nos ayudó a definir"... "mucha energía personal"... "nos ayudó a conseguir, analizar y compartir información"... "apoyó nuestra creatividad"... y "nos ayudó a descubrir el camino más productivo y a permanecer en él".

○ ○ ○

Por lo tanto, ¿qué puede decir usted sobre Ted y Jim? Sus historias suenan un poco... eh... increíbles. Es cierto, lo son. Para nosotros y para los grupos con quienes trabajan, Ted y Jim constituyen una inspiración. Son capaces. Persisten en su decisión de encontrar una manera mejor. Y son tan genuinos, tan entusiastas, que otras personas también quieren subirse a bordo.

Ellos son lo verdadero y tienen muchas cosas para enseñarnos, con sólo estar allí, en primera línea, visibles y ocupándose de sus asuntos. Nos sorprenden por ser reales, y al hacerlo disipan muchos mitos sobre el liderazgo.

Mitos del liderazgo en los equipos

En los equipos, es fácil ver al liderazgo de manera equivocada. Por ejemplo: "Consigue un buen líder para nuestro grupo y todo estará OK". Detrás de esta afirmación asechan demasiados supuestos injustificados.

○ **Supuesto:** *Los equipos requieren un solo individuo que los conduzca.* No es así. Existen muchos modelos de liderazgo de equipo, los cuales varían del tradicional "mano de hierro", atraviesan diversos grados de autodirección, hasta la aparente anarquía. El liderazgo puede rotar según las agujas del reloj o de la tarea en cuestión.

○ **Supuesto:** *Un buen liderazgo garantiza el éxito.* Falso. Un buen liderazgo es inútil si las personas que siguen al conductor son incompetentes o indiferentes a la tarea del grupo. Un equipo fundamentalmente malo no puede ser "conducido"... salvo tal vez al paredón.

○ **Supuesto:** *La forma en que se selecciona al líder no tiene importancia.* Error. Los líderes deben ser elegidos en consonancia con la tarea asignada y la clase de equipo en cuestión. Un equipo autónomo no recibirá bien a un conductor que no provenga del grupo. Un nuevo líder puede tener problemas para adaptarse a un equipo establecido. Un grupo que nunca tuvo la posibilidad de tomar sus propias decisiones puede ser incapaz de escoger sus propios líderes.

° **Supuesto:** *Lo único que importa es el éxito del equipo.* En un sentido estrecho, sin duda, el éxito del grupo tiene importancia para el mismo. Pero si la tarea no se cumple bien, es reiterativa o inútil, el éxito no sirve de nada, independientemente de lo bueno que sea el líder.

° **Supuesto:** *La estructura del equipo es algo secundario.* No lo es. Cada estructura y configuración que conocemos –alineada según una función o varias, de matriz, en red, sin líder, con uno o con varios– es válida cuando se aplica a la tarea indicada. Un liderazgo perfecto con las personas adecuadas no logrará nada, a menos que el equipo sea el indicado para la tarea en cuestión.

° **Supuesto:** *Un buen líder y un buen equipo pueden resolver cualquier tarea.* Lo lamentamos... no todas las tareas son adecuadas para el trabajo en equipo. Si una tarea no debería ser efectuada por un grupo, tiene poca importancia quién sea su líder o la eficacia con que actúe.

El espectro del liderazgo

Con demasiada frecuencia, definimos o describimos el liderazgo cuando lo vemos. En un ambiente de equipo puede verse de muy distintas maneras. Puede parecer un equipo a la antigua, jerárquico, donde el líder es el jefe y todos hacen lo que él o ella dice.

O, al otro lado del espectro, puede estar presente en grupos ultra achatados, moleculares, llamados equipos "sin líder" (nosotros preferimos la expresión "liderazgo compartido"). Ningún individuo tiene predominio sobre otro, pero todos contribuyen para mantener encaminado al grupo.

Ningún modelo de liderazgo es absolutamente malo o

bueno. Lo mejor para tomar decisiones grupales es el enfoque democrático. Éste genera menos orgullos heridos, menos resentimiento y una mejor disposición. Pero en las crisis, cuando hay que detener una hemorragia o apagar un incendio, un estilo autocrático puede resultar perfecto. En un trineo tirado por perros, el humano que conduce el equipo tiene que ser como un tirano. En tiempos de guerra, el modelo militar se vuelve el más sensato.

En ambos extremos del espectro, existen líderes buenos y malos.

¿Se puede "arreglar" un mal liderazgo?

Es mucho más fácil componer las propias deficiencias de conducción que las de otra persona. Para hacerlo, usted sólo debe reconocer qué es incapaz de hacer bien, y buscar a otro que se ocupe de estas dimensiones del liderazgo, o que las comparta con usted. También puede trabajar para fortalecer las áreas más flojas, acudiendo a su equipo en busca de comprensión y asistencia.

Lograr que otro cambie es algo muy difícil. Las personas que proporcionan un mal liderazgo suelen saber –algunas veces vagamente– que ellos son parte del problema. Pero en sus mentes están convencidas de que se esfuerzan al máximo, o que sólo se comportan del modo en que les permite hacerlo su personalidad. Por supuesto que podrían leer algunos libros al respecto, pero cambiar... es algo muy difícil que requiere:

- valor por parte del mediador
- gran honestidad por parte del líder deficiente
- buenas intenciones por parte de todos

Problemas de liderazgo

Los siguientes veinticuatro problemas pueden aplicarse en dos sentidos: como dificultades con su propio liderazgo o como problemas con la conducción de otro. Es una lista larga, pero un detalle completo con los errores de los líderes sería mucho más largo.

   =   *Líderes estúpidos.* La idea de que un líder sea estúpido resulta insultante, pero lo peor es que estadísticamente sucede con mucha frecuencia. Ninguna compañía, ni siquiera IBM o McKinsey, es inmune a la probabilidad de contratar a un cabeza hueca: alguien sin el talento necesario para comprender la tarea en cuestión y comunicárselo a otros.

Si el problema es un simple C.I. bajo, se manifestará de varias maneras. Un líder cometerá errores frecuentes y reiterados, olvidará hechos importantes, llegará a conclusiones erróneas basado en las evidencias que se le presentan. En este caso, los equipos pueden acudir al rescate del líder dividiendo algunas de las tareas del mismo y distribuyéndolas entre los integrantes del grupo más competentes en esas áreas.

Pero el problema no suele ser tan simple. Las personas con bajo cociente intelectual no suelen llegar a ocupar posiciones de liderazgo. Con más frecuencia, la dificultad radica en la obstinación, en la tozudez mental: una vez que se ha decidido un curso de acción o se ha adoptado una perspectiva, la persona se niega a escuchar. Como dirían los políticos, muchos líderes son "incapacitados en flexibilidad".

Existen individuos con una fastidiosa combinación de atributos; son incapaces en el oficio de administrar pero tienen aptitudes en la política de liderar. Si sus intenciones son buenas, durante algún tiempo el equipo puede funcionar bien con su carisma, entusiasmo y encanto personal. Pero el desempeño del grupo será pobre, y con el tiempo estos líderes tendrán que hacerse a un lado.

Si las intenciones no son buenas, el equipo tiene que vérselas con un ángel siniestro: un individuo hábil para cubrir sus deficiencias, para sobrevivir a pesar de las dificultades del equipo. Esta persona constituye un peligro para la misión del grupo, y debe ser apartada.

= *Líderes ignorantes*. En la vida real, *perdonamos* la estupidez y condenamos la ignorancia. En los equipos, es preferible esta última.

Existen varias razones. Primero, cierta ignorancia es natural en los equipos. Se terminaron los días del líder "sabelotodo". El concepto de equipo está fundado en el hecho de que las personas se complementen unas con otras para crear un todo más fuerte.

Segundo, la ignorancia no necesariamente tiene que ser eterna; por otro lado, la estupidez es terminal. En nuestra base de conocimientos, todos tenemos huecos que podemos llenar a través del aprendizaje. Pero existen grados y tipos de ignorancia. Uno podría decir que una mente ignorante es una mente abierta a nueva información y diferentes perspectivas. La ignorancia buena es humilde.

La mala ignorancia está orgullosa de sí misma, cerrada a cualquier nueva información, obstinada en sus hábitos. Tal vez se trate de una característica fundada en la experiencia: "En el pasado esto siempre funcionó bien para mí, así que no necesito aprender una nueva manera de encararlo".

¿Qué pueden hacer los miembros de un equipo cuando un líder carece de los conocimientos necesarios para su función? Ofrecerse a cubrir las brechas o incorporar a un nuevo co-conductor que no pertenezca al grupo. Se trata de un asunto delicado, pero debe ser abordado porque los equipos triunfan en base a sus propias aptitudes.

= *Líderes con exceso de instrucción*. Existe un subgénero de líderes que asisten a demasiados seminarios, leen demasiados artículos de revistas y están perpetuamente hirviendo con el deseo de dejar las iniciativas actuales para reemplazarlas con otras nuevas y mejores. Para expresarlo en forma simple, el líder del equipo aprende demasiado rápido a integrar lo que está estudiando.

Oponerse a esta ansiedad puede resultar peligroso: uno corre el riesgo de parecer "antiprogresista" o "resistente al cambio". Deje en claro que el aprendizaje es valioso... pero como medio, no como fin.

= *Líderes demasiado talentosos.* Éste es un problema que a algunos equipos no les molestaría afrontar: se trata de un conductor tan brillante, que su talento personal excede su capacidad para enseñar. Cuando el líder es tan capaz que el equipo nunca logra alcanzarlo, se produce el síndrome de "demasiado inteligente para su propio bien". Uno de los mejores ejemplos es el profesor de *La isla de Gilligan*: lo bastante inteligente como para fabricar un ciclotrón con cáscaras de coco, pero incapaz de persuadir a su gente para que remiende un bote.

Solución: cambiar el rol del individuo de líder a recurso del equipo. Todos suspirarán aliviados.

= *Líderes demasiado amables.* Algunas veces, ser considerado es la ruina del líder. Algunos empiezan a ver a la gente del grupo como su responsabilidad, sus pupilos. "¿Voy demasiado rápido para ellos? ¿Los presiono mucho?", se preguntan. El peligro es que esta preocupación, donde el líder sabe qué es lo mejor y trata de proteger a los miembros para que no tengan que enfrentarse a nuevas situaciones, se convierta en un factor restrictivo para el progreso del conjunto.

El antídoto es que los líderes comprendan que trabajan con hombres y mujeres adultos, no con niños o cocker spaniels. El dolor y el miedo son una parte natural del aprendizaje. Sin cruzar la línea que lo separa del sadismo, se supone que los líderes siempre deben mantener a su gente al borde de la incomodidad, instarlos a aprender constantemente.

= *Líderes cerrados a las nuevas ideas.* Este caso se relaciona con la cuestión de la ignorancia. Todos los líderes cuentan con herramientas que nos permiten disfrutar del éxito. Como el carpintero que porta un martillo, estamos listos y dispuestos a encontrar un clavo que martillar.

El problema radica en que el lugar de trabajo no está lleno de clavos. El probado sistema de resolución de problemas no puede aplicarse a cualquier situación. Los mejores líderes aceptan esto y elaboran una colección diversa de herramientas, evitando basarse exclusivamente en el martillo. Los malos líderes siguen martillando incluso cuando su golpeteo ha dejado de servir para algo.Esta cuestión se basa en el aprendizaje. La conducción debe procurar que exista una apertura a todos los niveles. Se dice que las avestruces ocultan la cabeza bajo tierra cuando se sienten amenazadas; nosotros pensamos que esta conducta es mucho más común entre los malos líderes.

¿Cómo puede intervenir el equipo ante un líder de mentalidad cerrada? Buena pregunta. Una organización eficaz no va en busca de estas personas, pero sabemos que todas están repletas de ellas. Es probable que la resistencia a las nuevas ideas sea una reacción por miedo. Si el líder ha tenido éxito con el Enfoque A, el Enfoque B no le resultará familiar o apropiado.

Esta evolución de martillador a cabeza de martillo es tan vieja como el toro asirio. Cada equipo debe trabajar constantemente para prevenir la calcificación de todos sus miembros, pero en especial de sus líderes. Sugerimos crear una cultura de conciencia y franqueza continua, un ambiente que premie instintivamente los nuevos enfoques o perspectivas y desconfíe de las viejas verdades.

Éste es el espíritu de la mejora continua; nunca nada es tan perfecto que no pueda mejorarse.

= *Líderes con estilo inadecuado.* Pasa todo el tiempo. Un líder acostumbrado a delegar, espera que los miembros del equipo funcionen en forma autónoma, con un mínimo de dirección. Pero, o bien el equipo no tiene experiencia con esta clase de libertad, o es incapaz de reunir la iniciativa necesaria para hacerlo funcionar.

También puede ocurrir que un líder autocrático recuerde el estilo que tan bien funcionó en sus épocas de supervisor de línea ("Haz esto. Haz aquello. Ahora haz esto."), y espere que también sirva con un equipo de pares de diversas funciones. Muy pronto el autócrata descubre que sus órdenes no tienen ninguna fuerza en el grupo. Y peor aún, a pesar de todas sus bravatas, la gente todavía necesita liderazgo: articulación de objetivos, buena comunicación, disposición a enseñar y a coordinar.

= *Líderes que se ubican fuera del equipo.* Probablemente, ésta sea la peor acusación que puede hacerse a un líder: su falta de lealtad o de verdadera identificación con el equipo.

Señales que indican esta actitud en los líderes: renuencia a participar en los objetivos comunes; poca disposición a pelear por el grupo y posiblemente malquistarse con fuerzas externas; resistencia a compartir el mérito por los éxitos; pronta tendencia a apuntar con el dedo y adjudicar culpas cuando las cosas salen mal.

Los líderes que no corren riesgos personales por su equipo son el opuesto del líder. Es muy difícil que alguna iniciativa logre modificar su naturaleza egoísta. Enfrente a esos líderes y oblíguelos a decidir entre su triunfo individual y su éxito como equipo.

= *Líderes que en realidad no conocen al equipo.* Los miembros de un grupo deben estar comprometidos unos con otros, no sólo como integrantes sino también como personas. Si yo soy el líder de su equipo y sé que su hija necesita una operación, debo tener el profundo deseo de ayudarlo a llevarla a cabo, como uno de los objetivos del equipo.

Algunos estudiosos van más allá y dicen que los integrantes de un equipo deben amarse unos a otros. Esto constituye un modelo muy difícil de lograr. Algunos de nosotros somos muy poco queribles; otros nos espantamos ante la sola mención de la palabra *amor*. No obstante, si quitamos un poco de carga a la frase, podríamos decir que los miembros deben *conocerse* y *simpatizar unos con otros como personas*. Así todo parece cobrar más sentido.

Existen muchos equipos que no "conviven", cuyos miembros no comparten un espacio físico, que no se reúnen después del horario de trabajo, que no comen, respiran, duermen ni sueñan con los otros. De todos modos, no puede existir un verdadero equipo –y por cierto un verdadero liderazgo– sin cierto grado de intimidad. Necesitamos reconocernos unos a otros como humanos, saber que somos personas con historias, dificultades y sueños únicos.

Los líderes deben ser los primeros en reconocer esto. Los que no lo hacen conducen equipos unidos por sus manos, no por sus corazones. Son equipos comprometidos a medias. Un grupo de personas atentas al reloj.

= *Líderes contradictorios.* Al decir que el liderazgo debe poseer humanidad, aceptamos que eso incluye todas las debilidades de la naturaleza humana. Probablemente, la más común de todas sea la contradicción. Pocas personas son fiables día tras día, a sol y a sombra, inmutables y mecánicas como un poste de luz. El liderazgo tiene ritmos y contradicciones, como cualquier otra conducta humana. Estas fluctuaciones no causan serios problemas en comportamientos como caminar o roncar; cuando se trata de conducir un coche o un equipo, son perjudiciales.

Tal vez se pueda pensar en este modelo fluctuante como en una variación, en ese sentido clásico descripto por el estadístico Walter Shewhart[1] y su protegido, Wm. Edwards Deming[2]. Sin violentar el espíritu humano, la variación debe ser examinada y comprendida tanto por líderes como por seguidores.

Pregunta: ¿Cuáles son las causas de estos intervalos en la agudeza del líder? ¿Aparecen al azar y de manera incontrolable, como los cambios en la dirección del viento? ¿Es algo natural que tengamos días buenos y malos? También es posible que los lapsos sean causados por eventos previsibles y comprensibles, por cambios en las tensiones financieras personales, por presión en los plazos o por las visitas periódicas de algún supervisor corporativo.

Usted puede descubrir que los lapsos son causados por tensiones, o todo lo contrario: que esos momentos de baja se producen cuando no pasa nada, o a las puertas de un éxito evidente.

La solución: comprender y mejorar aquello que puede cambiarse, y aceptar con estoicismo las cosas que no se pueden modificar.

= *Líderes que no pueden ser subalternos.* La mayoría de las personas integran más de un equipo. En algunas organizaciones que utilizan este sistema, en el transcurso de un año los individuos pueden llegar a pertenecer a cien equipos, algunos de los cuales no duran más que unos cuantos minutos. Por lo tanto es inevitable que el líder de un grupo sea subalterno o par en muchos otros.

= *Líderes que se niegan a reconocer a los miembros del equipo.* Una de las primeras tareas del líder es ganarse el apoyo de la gente. Sin esto, su liderazgo es bastante dudoso. Independientemente de su posición, título o grado nobiliario, si las personas no están dispuestas a seguirlo, usted

---

1 Walter A. Shewhart, *Economic Control of Manufactured Product* (Milwaukee: Quality Press), 1980.
2 Wm. Edwards Deming, *Out of the Crisis* (Cambridge: MIT Press), 1986.

no es un líder.

Los líderes deben saber ver en los corazones y las mentes de su gente. Aquellos que consideran el liderazgo como algo propio están muy equivocados. Si no le presta atención al equipo, éste tampoco se ocupará de usted. Para solidificar su legitimidad, un conductor debe reconocer las contribuciones de la gente (ceder el mérito), saber premiar cuando corresponde y fortalecer a los demás.

= *Líderes con predilecciones.* En casi todos los aspectos de las organizaciones existe un regla 80/20: un 80 por ciento de los buenos resultados provienen de un 20 por ciento de los participantes. En el caso de los clientes, conviene concentrarse en atender a ese 20 por ciento que mueve el 80 por ciento del negocio. No obstante, en lo que se refiere a los miembros de un equipo, los tratamientos especiales provocan una rápida y vertical caída.

Los líderes de un equipo caminan por una cuerda floja. Deben conocer a cada integrante en forma individual, saber qué los irrita, qué los motiva y cuáles son sus necesidades y deseos. Pero además tienen que cuidarse mucho de no mostrar que consideran a un grupo de personas más valioso que a otro. El favoritismo es un cáncer que consume el espíritu de equipo. Porque, ¿cómo puede esgrimirse el lema mosquetero "Todos para uno y uno para todos" si el líder entrega mayores raciones de pólvora a unos que a otros?

Deming es muy firme en este punto. Los tratamientos especiales y los premios son para los pájaros, dice él. Adular a los individuos creando un sistema de estrellas y zánganos es la mejor manera de arruinar un equipo.

= *Líderes que no admiten el fracaso.* Los equipos son crisoles de conocimiento y creatividad. Su misión es doble: realizar una tarea determinada y mejorar constantemente la manera en que se ejecuta la tarea. Un equipo puede cumplir la primera parte del mandato sin correr un riesgo jamás. Es imposible cumplir la segunda mitad sin intentar cosas nuevas, y lo nuevo siempre trae consigo grandes posibilidades de fracaso.

Joseph Juran, el profeta rumano de instrucción en calidad, denomina a los errores "oro en la mina".[3] Lo que quiere decir es que las equivocaciones no son simplemente eso; cometido en forma adecuada, un disparate proporciona información al sistema sobre lo que funciona y lo que no sirve. Siempre que sea enfrentado y no escondido bajo la alfombra, cada error es una pepita de oro de información que aumenta el éxito del equipo.

Algunos de los mejores equipos han generado una cultura donde el error no sólo está permitido sino que se lo estimula: un premio quincenal de $20 por el desbarajuste más flagrante, o la custodia del trofeo del equipo hasta que se produzca el siguiente desastre notable. Por supuesto, esto representa un cambio enorme en la mentalidad de la organización. ¿Quién quiere ser conocida como la primera unidad de la compañía que celebra el fracaso... en especial ante los encargados de las finanzas?

Pero este cambio no es más drástico que el mismo pasaje al sistema de equipos. De hecho, los dos principios son inseparables. Tanto los equipos como el método de ensayo y error tienen que ver con el aprendizaje.

Si el líder de su equipo es muy severo respecto de los errores, ésta es otra señal de que tanto el grupo como toda la organización están manejados a través del temor. Los líderes deben infundir esperanzas de éxito mostrando valor ante las dificultades. Una manera de modificar el riesgo y el coste de los errores es introducir nuevas ideas a modo de prueba: intentarlo en un laboratorio en vez de ha-

---

[3] Joseph A. Juran, comp. *Quality Control Handbook*, Fourth Edition (Nueva York: McGraw-Hill), 1989.

cerlo a la vista de todos.

Busque maneras de superar, mitigar o minimizar el miedo al fracaso. Y entonces fracase hasta alcanzar el éxito.

= *Líderes que protegen y adjudican culpas.* Las organizaciones caníbales –las que en momentos difíciles se comen a los suyos– tienen poca paciencia con los errores de los equipos. El modelo causa temor y resulta previsible: un pobre diablo se equivoca y todos los que lo rodean lo señalan con el dedo.

El líder poco eficiente, tan aterrorizado como todos ante la idea de recibir un castigo personal, se une a los que acusan. En un ambiente semejante, donde reina el temor, es imposible que la gente experimente un gran sentimiento de equipo.

Un buen líder es como un amigo, dispuesto a parar la bala con su propio cuerpo si es necesario. Una organización sana cultiva lo que James Heskett y Earl Sasser[4] denominan "un ambiente libre de culpas". Se trata de reconocer que pasan cosas desagradables, pero que todos estamos embarcados en la tarea de aprender y equivocarnos juntos.

Este tema cala tan hondo en el alma de la organización que, cuando su líder los traiciona, no hay mucho que los integrantes del equipo puedan hacer. Pero los líderes no deben olvidarse de la situación en que se encuentran. La organización les ha asignado una tarea difícil que sólo permite una clase de resultado... resultado que por definición tendrá que ser una mentira. La situación es deshonesta y sádica, y cualquier individuo inteligente tendría que arriesgarse a abandonarla por el bien de todos los equipos.

= *Líderes poco éticos.* Se ha escrito mucho sobre la im-

---

4 James L. Heskett y W. Earl Sasser, Jr., *Breakthrough Service* (Nueva York: The Free Press), 1990.

portancia de los principios y el liderazgo, pero la mayor parte de ello ha sido pensando en el nivel directivo. La ética también es importante al nivel del equipo, en especial la norma moral que establece su líder.

El equipo no existe por el bien del líder; más bien todo lo contrario. El conductor está allí para instruir a los miembros, para ayudarlos con los problemas que se presentan en la ejecución del trabajo, para reconocer los logros y los esfuerzos, para compartir conocimientos a medida que éstos son adquiridos, para moldear la conducta grupal y para recordarle periódicamente a la gente cuáles son la misión y los objetivos del grupo.

Fundamentalmente, estas tareas implican franqueza y una moral sin dobleces. Un líder no puede decir una cosa a un integrante y otra distinta a los demás. El conductor no debe engañar jamás al equipo. Tampoco deben ponerse por encima de éste, por ninguna razón y por ningún período de tiempo. La confianza que él ha recibido puede quebrantarse fácilmente. Por ser algo que pasa en el trabajo, es bastante sagrado.

¿Esto significa que los líderes de equipos deben comportarse como San Francisco de las Flores? No. Lo mejor es que sean ellos mismos. Y también deben ser libres para perseguir sus propias ambiciones, aunque con el tiempo ello los lleve a apartarse del equipo. Pero mientras tienen la responsabilidad por el grupo, deben ser leales a su rol de líderes. Y eso implica un perfeccionamiento continuo de esos procesos de liderazgo: ser mejores instructores, maestros, modelos y servidores. (Para más sobre confianza y equipos, ver Capítulo 15, "Confianza agotada".)

= *Líderes que ponen distancia.* Los líderes convencionales pueden distanciarse de las personas a quienes conducen. Esto limita la información de la gente. Piense en el personaje *Big Brother* de la novela de George Orwell, *1984*, que sólo era visible a través de una pantalla. O en el solitario director de cine. O en el manager de béisbol Connie Mack, quien nunca fraternizaba, ni siquiera vestía el uniforme de su equipo.

En casos como estos, la distancia es usada como disfraz. Permite a los líderes crear un culto de la personalidad, del carisma. Si reducimos la distancia, la gente podría ver a *Big Brother* ponerse los pantalones, al director de cine aterrorizado ante la gente, a Connie Mack de 80 años apartándose para ocultar el deterioro de sus facultades.

Un verdadero equipo se alimenta de información. Los líderes que la entregan con gotero matan de hambre a sus equipos.

= *Líderes que no saben modelar la conducta del equipo.* "Haz lo que yo digo, no lo que yo hago." Oh, si tan sólo uno pudiera salirse con la suya. Pero no es posible. Hasta los chicos se dan cuenta. El liderazgo requiere respeto mutuo entre miembros y conductores. Si el equipo ve que usted no se comporta según las pautas que impone a los demás, dejarán de respetarlo y le retirarán su confianza. Término operativo: hipocresía.

= *Líderes que ignoran las necesidades profesionales de la gente.* Para que todo el equipo sea efectivo, deben ser reconocidas, y de ser posible satisfechas, las necesidades de los miembros individuales. Las personas no viven para pertenecer al equipo; sueñan con progresar algún día. Cuando se trata de desarrollo profesional y necesidades de progreso, los líderes son los más capacitados para ayudar debido a su posición y su experiencia, además de su conocimiento de las políticas internas y las necesidades futuras de la compañía.

Los líderes que participan activamente para ayudar a la gente a lograr sus aspiraciones, generan confianza, lealtad y camaradería.

123

= *Líderes que no están dispuestos a pelear por el equipo.* El magnífico y paradójico filósofo Lao Tsu describió el rol del verdadero líder diciendo que es como el del servidor. En términos modernos, el concepto de servidor-líder se traduce en alguien que fija la dirección (visión, objetivos, etc.), y luego corre junto a los otros miembros del equipo brindándoles su aliento, derribando obstáculos, abriendo puertas y despejando interferencias. ¿Por qué un equipo iba a pelear por un líder que no es capaz de luchar por ellos?

= *Líderes que no están dispuestos a correr riesgos.* Ken Melrose, CEO de Toro Co., dice que para que las compañías tengan éxito, los líderes deben correr riesgos. Los que toman por el camino seguro tienden a obtener resultados mediocres; con el tiempo, son superados por los competidores. Los buenos líderes alientan los riesgos calculados (es decir, los que no son *estúpidos*). Si las cosas salen mal, ellos separan el resultado de la decisión; lamentan el primero pero elogian la decisión de arriesgarse.

Después de todo, el fracaso es una información valiosa. Uno no le dispara al portador de tal información. Más bien estimula su decisión de correr riesgos, de seguir intentando, de tomar por otra dirección, etc. Los líderes que no alientan esto en su gente obtienen resultados acordes: equipos poco flexibles.

Hay dos cosas que destruyen los equipos: escasez o exceso de desafíos. Encuentre el camino intermedio. Plantee situaciones que impliquen un reto para el grupo, pero no presione al extremo de reventar las costuras.

= *Líderes que no permiten el conflicto.* Todos tenemos una imagen mental del equipo ideal. Las personas inteligentes comparten sus ideas, se valoran mutuamente y trabajan de manera armoniosa para crear soluciones donde todos participen por igual. La imagen es el equivalente corporativo de un Norman Rockwell: encantador pero misteriosamente irreal.

En la vida real, el líder cuenta más con una ración de combate que con una cena de Navidad. Usted presenta su idea. Yo hago como que escucho. En cuanto usted ha terminado, arrojo una granada cerca de sus papeles. Competimos. Nos empujamos para obtener una ventaja. Discrepamos, a veces apasionadamente. Con frecuencia no sentimos gran simpatía unos por otros, y el conflicto adopta un tinte personal.

Muchos líderes quedan consternados ante estas situaciones. Están muy atados a la idea de Norman Rockwell, por sus propias imágenes de cómo deberían comportarse los equipos, o por su propia aversión personal a la discordia. Nosotros decimos que hay conflictos y conflictos. Hay equipos que se comportan de manera poco atractiva, pero no son disfuncionales. Las personas no se insultan unas a otras, no sabotean los esfuerzos de los demás ni vuelcan pintura sobre el escritorio del compañero.

Los líderes deben tener en cuenta que, en ocasiones, los equipos se parecen más a perreras que a grupos de personas pensantes. Cuando los conductores son demasiado remilgados o afectos a censurar la expresión, los conocimientos no se comunican. Las personas deben indicarles que el intercambio es demasiado valioso como para ser "controlado".

= *Líderes que no valoran la diversidad.* Sí, por supuesto, la diversidad en el sentido de iguales oportunidades para personas de todas las razas, grupos religiosos, antecedentes étnicos, géneros, estilos de vida, condiciones físicas, etc. "Ante la duda", dice la gurú en diversidad Jennifer James[5], "contrata al del turbante". En un equipo que trata con un mercado diverso y global, esta clase de diversidad

125

es una ventaja evidente. Un líder prejuicioso respecto de ciertos grupos pertenece más al Parque Jurásico que a una organización moderna. Además, es una ley.

Aparte de la conducta troglodita, existe una manera más importante de pensar en la diversidad: como multiplicidad. Un equipo parejo es una manada de personas que sólo saben decir "sí", con frecuencia de manera literal. Un grupo verdaderamente diverso no sólo reúne personas con antecedentes distintos, sino también con diferentes formas de pensar.

Para que resulte valiosa a la organización, la diversidad tiene que ir más allá del acatamiento a la ley para convertirse en la ocasión de escoger personas que aporten distintos conocimientos e ideas. El mejor equipo es el que no se divide en facciones, porque nadie concuerda automática y culturalmente con los demás.

El mejor líder es el que no sólo tolera estas diferencias sino que es capaz de gozar con el choque de valores, la discrepancia y el espíritu de disenso. Sugerencia: no es necesario que los líderes sean varones blancos sólo porque siempre lo han sido.

= *Líderes pasivos.* Piense en el liderazgo como en un conjunto de *actividades iniciadoras.* Se trata de mover las cosas –un producto, un servicio, una idea, un equipo– de aquí a allá.

Mientras que los managers tienen que poseer capacidad de reacción, para responder a las circunstancias existentes con los conocimientos que poseen, los líderes deben ser activos: adquirir y enseñar nuevos conocimientos para circunstancias que están en constante cambio. Por lo general, los managers permanecen en un lugar; los líderes están en movimiento.

---

[5] Jennifer James, "When in Doubt, Hire the One in the Turban", (Dallas: The Executive Roundtable), 1994. Cinta de audio.

Ser líder no es mejor que ser manager. No se puede saltar sobre uno para llegar al otro. Piense en el management –en saber cuándo y cómo reaccionar en forma apropiada– como en un cimiento del liderazgo. Cuando el cimiento está firme en su lugar, el liderazgo se hace cargo. Entonces se deben generar las aptitudes y la confianza necesarias para tomar iniciativas y arriesgarse a impulsar al equipo hacia adelante.

Es posible que usted sea un buen manager (con capacidad de reacción) y no un buen líder (activo y planificador). Pero nunca llegará a ser un gran líder si primero no ha sido un manager, como mínimo, aceptable.

Lo que debe hacer un líder para que la gente lo siga

Primero, no se encamine hacia el precipicio. Segundo, el líder debe conocer las necesidades de la gente y ayudarla a satisfacerlas. Un grupo frustrado no será competente.

Cuando se nubla nuestra bola de cristal y nos olvidamos de lo que es el liderazgo, hacemos a un lado las consideraciones abstractas y nos concentramos en personas como Ted H. y Jim S. Ellos constituyen la esencia de lo que implica el liderazgo de equipos. Ted y Jim no son para nada los únicos. Se parecen a muchos de los líderes que hemos conocido en nuestras minuciosas recorridas por las organizaciones. Todos leemos artículos periodísticos donde se ensalza a los heroicos directivos superiores que conducen a sus organizaciones hacia la tierra prometida. Pero por cada uno de ellos, en los niveles de operación y supervisión hay miles de líderes que contribuyeron al éxito de esos directivos, desafiando constantemente el statu quo y perfeccionando el desempeño y la calidad.

Sus contribuciones como líderes implican mucho más que un día de trabajo a cambio de un jornal. Ellos constituyen el origen de esos pequeños avances en proyectos y desempeños, los cuales día a día afilan la navaja competitiva de sus organizaciones. A través de una distintiva actividad de liderazgo, sus esfuerzos *añaden valor* a las empresas. A partir de esto, proponemos una definición operativa del líder de equipo:

Los líderes de equipos añaden valor al aprovechar los activos y productos de sus organizaciones más allá de las expectativas. Como resultado de este liderazgo de valor añadido, se perfecciona el desempeño en cuatro dimensiones:

- propia y de los otros
- conciencia y capacidad de decisión
- definición e integración
- innovación y acción

¿Qué significa el valor añadido en el contexto del liderazgo de equipos? Los líderes añaden valor obteniendo más de lo que se requiere o espera de aquello con lo que trabajan: los recursos humanos y físicos existentes. Al trabajar en colaboración con otras personas, logran orientar la resolución de problemas, componen las cosas, innovan y capturan las oportunidades con más frecuencia que la mayoría de sus pares.

¿Estamos diciendo que los líderes de equipos son personas sobrehumanas, ejemplos extraños de genios innatos? No. Más bien, decimos que, en la actualidad, los principales líderes de equipos hacen lo que sea necesario para:

1. desempeñarse ellos mismos con un elevado nivel de competencia y productividad, y

2. obtener gran dedicación y desempeño de las personas con quienes trabajan.

Subrayemos que, en general, estamos hablando de

managers operativos y supervisores de primera línea que trabajan en las trincheras. No hablamos de los directivos con placas de caoba.

Lo que hacen los líderes de equipos

Los líderes de equipos sacan provecho de *sí mismos* y de *los otros*. Primero, aprovechan los altos niveles de desempeño que ellos logran alcanzar. Luego, sin dudar un instante, obtienen un grado de desempeño similar por parte de las personas con quienes trabajan. Podríamos denominarlos "revolucionarios silenciosos". Los mejores son los iniciadores contagiosos como Jim y Ted, quienes sólo pueden ejercer una influencia positiva sobre aquellos que los rodean.

Al sacar provecho de sí mismos y de los demás, los líderes de equipos:

° **Proyectan energía.** Proporcionan entusiasmo por la tarea, motivación, ánimo. Dependiendo de sus personalidades, pueden ser silenciosos y modestos, o extrovertidos, estridentes y charlatanes. Cualquiera sea el caso, todos los que hemos conocido eran *activistas*, catalizadores de acciones positivas, y nunca se conformaban con mirar sin intervenir. En particular, parecen evitar a las personas negativas. Se niegan a integrar las periódicas sesiones de queja donde se enumeran las muchas razones por las cuales "no se puede llegar allí a partir de donde estamos". En lugar de ello toman por el camino menos transitado: prefieren alentar a los demás y, con la participación de todos, inventan soluciones para los problemas del día.

° **Participan y habilitan a los demás para hacerlo.** Sin llamar demasiado la atención, recorren el lugar para brindar su ayuda y formular preguntas. Toman y dan; comparten la información que poseen y generan aún más en nuevos procesos y proyectos laborales. El resultado de toda esta actividad es un mayor sentido de participación general. Los buenos líderes reconocen que la participación no es un asunto abstracto y teórico: es algo que se vive y se respira en la tarea, y requiere una práctica continua. Los líderes no sólo alientan la participación; con frecuencia los hemos visto compartir el poder, la influencia y cualquier otro recurso que poseen con los miembros del equipo. Ellos estimulan a la gente para que el trabajo se haga con buena disposición, rápido y bien. Los líderes no parecen tener miedo de perder el control o compartir el poder; éstos son riesgos menores a cambio de la motivación y el buen desempeño que surgen de sus esfuerzos.

° **Contribuyen con la evolución y el cambio.** Ellos orientan, tranquilizan y ayudan a la gente a explorar los senderos de la oportunidad. En el convulsionado ambiente de las organizaciones actuales, esta capacidad para evolucionar y cambiar resulta absolutamente clave para la supervivencia. Pero es difícil: el cambio evoca nuestro miedo a lo desconocido, porque amenaza nuestros hábitos y nuestro ímpetu previo. Nuestra respuesta natural a la necesidad de cambio es la *resistencia.* Los líderes entienden que esto forma parte del proceso. En lugar de pasar sobre los que se resisten como un tractor, los buenos líderes planifican las cosas por anticipado y comunican lo que ocurre a todas las personas interesadas. Y, quizás más importante aún, explican en forma realista los beneficios que todos pueden obtener. Si el miedo a lo desconocido es una dolencia, el conocimiento y la comunicación son las medicinas. El buen líder destierra el miedo y lo reemplaza con esperanzas de éxito.

° **Persuaden y perseveran.** Los buenos líderes identifican los obstáculos y luego los eliminan creando espacio para el equipo. No obstante, en lugar de apartar a las personas de un empujón, despejan la pista ganándose a aquellos que se interponen en el camino. Algunas veces, apenas si hemos podido disimular nuestro asombro al observar (o experimentar) los diferentes enfoques adoptados por los buenos líderes para impulsar los objetivos de sus equipos. Algunos piden apoyo directamente, y cualquier recurso que se les pueda proporcionar. Otros emplean estrategias más sutiles: regatean, negocian, intercambian, muestran los beneficios evidentes, consiguen defensores, etc. Como en el caso de Ted H., muchos de ellos no tienen poder; en lugar de eso consiguen el apoyo de quienes sí lo tienen. Esta tarea requiere habilidad. También exige la tenacidad de un terrier. Estos líderes identifican un resultado valioso, se aferran a él como un perrito a un pantalón, y empiezan a sacudir la cabeza. Perseveran. Y su persistencia es de tanta calidad que en lugar de disgustarse, la gente se entusiasma.

○ ○ ○

Los líderes de equipo influyen sobre la *conciencia* y *la posibilidad de decidir.* Las organizaciones tienen éxito cuando su gente es consciente de sus problemas y/u oportunidades. Esto suena elemental, pero en realidad existen muchas organizaciones cuya filosofía es "preparados, apunten, fuego": donde los trabajadores realizan mecánicamente sus tareas sin una verdadera conciencia de lo que está en juego, ni de qué opciones alternativas podrían existir. Sin comprensión, las personas hacen lo que siempre se ha hecho, y muchas veces todos tienen que lamentarlo. Los buenos líderes de equipo son personas de acción, pero sólo después de haber alcanzado un discernimiento razonado, una conciencia cabal y una decisión bien fundada.

Para influir sobre la conciencia y la posibilidad de decidir, los líderes de equipo:

° **Ven más allá de lo obvio.** Las organizaciones humanas no son hormigueros, donde el instinto es el mejor baluarte contra la destrucción; nosotros necesitamos pensar las cosas. Los líderes valoran la búsqueda de información y la mejor decisión factible dentro de las alternativas. Dedican tiempo a averiguar qué preguntas formular, a analizar las situaciones y –especialmente– a lograr la participación de las personas que jugarán un papel en cualquier actividad. Con frecuencia sus investigaciones son informales, y procuran obtener el asesoramiento de las personas más expertas. No obstante, muchos líderes se muestran dispuestos a dedicar el tiempo, el dinero y el esfuerzo necesarios para utilizar las técnicas más sofisticadas. Parecen sentirse orgullosos de incorporar la calidad desde el principio, con lo que evitan la penosa necesidad de hacer "ingeniería de campo" más tarde.

° **Mantienen la perspectiva.** Si en un equipo se pierde la imagen de la totalidad, la visión general, se pierde todo. Los líderes no apartan la vista de su presa, a la vez que fomentan una "perspectiva de sistemas" para orientar el análisis y la acción. Desde un principio y en todo momento, reúnen información. Esto no sólo permite que los miembros comprendan los procesos en que trabajan, sino que también los ayuda a evitar la visión en forma de túnel y la dedicación a un solo curso de acción. Los líderes parecen sensibles al efecto de las recomendaciones y cambios que ellos mismos proponen en otras partes de la organización. Tienden a preguntar "qué ocurriría si" en muchas situaciones, con la intención de evitar consecuencias negativas. El hecho de que consideran a la organización como un "sistema conectado", no sólo limita el fuego de cañones aislados, sino que también fomenta la cooperación de otros líderes que se preocupan menos por el caos que generan esos cañones.

° **Aprendizaje en pirámide.** Hemos descubierto que habitualmente los líderes de equipo son docentes. Hacen hincapié en entender una situación y las opciones disponibles, a la vez que ayudan a otros a explorar y evaluar las posibilidades. No sólo investigan y actúan, sino que parecen atraer a los que los rodean a la necesidad de absorber lo que ocurre. Esta disposición al aprendizaje explica una de las cosas más fantásticas sobre los buenos líderes: no son completamente irreemplazables, porque han embarcado a muchas otras personas en la aventura del conocimiento y la investigación.

○ ○ ○

Los líderes de equipo influyen sobre la *concentración* y la *integración*. La concentración es la capacidad de un grupo para fijar su atención en un objetivo o tarea, y la integración es la capacidad de los miembros para "cumplir con el programa". Consideremos lo que ocurre cuando esto no se aprovecha. En nuestro trabajo dentro de las organizaciones hemos observado un par de fenómenos lamentables pero indudables: a uno lo llamamos "tirar espagueti" y al otro "jefe de territorio". En el primer caso, la organización está plagada de actividad descontrolada y trabajo en nuevos proyectos, gran parte de lo cual jamás contribuye al éxito general. Es como si, al no saber qué otra cosa hacer, la organización arrojase espagueti contra la pared para ver cuál queda pegado. En el segundo caso, ¿cuántas veces es reinventada la rueda o se pierde algo por una grieta de la organización porque alguien necesita erigir barreras para manejar su territorio?

Muy por el contrario, los líderes de equipo maximizan

la concentración y la integración del grupo. Por lo tanto ellos:

º **Apuntan la energía hacia las oportunidades de éxito.** Todos hemos experimentado el problema de tener demasiadas oportunidades y muy poca orientación. Las ocasiones de éxito no llegan con un pequeño mapa que indica dónde está enterrado el tesoro. Es uno mismo quien tiene que averiguarlo. Cada nuevo camino se bifurca en diez senderos diferentes. Los líderes efectivos ayudan a los miembros del grupo a elegir el camino indicado y a establecer las prioridades correctas. Juntos concentran sus esfuerzos en las actividades más prometedoras. Hemos observado a líderes que trabajaban con la gente en colaboración, derribando todas las barreras de las organizaciones, probando las alternativas para orientarse en la dirección que más prometía. Una vez que esto está definido, es como si se hubiese encendido una luz roja que no se apaga hasta la finalización del proyecto. Los equipos pueden difundir el espíritu de colaboración generado durante estas actividades analíticas, y luego aprovecharlo en el proceso de aplicación.

º **Fomentan el vínculo entre las distintas tareas.** La mayoría de nosotros vivimos en "jaulas funcionales" denominadas Marketing, Personal, Finanzas, Operaciones, etc. Dentro de esas jaulas o silos nos dividimos en grupos todavía más pequeños donde realizamos las tareas necesarias para el éxito de la organización. Desde esta estrecha perspectiva, raras veces vemos o comprendemos el tamaño y la forma del elefante confiado a nuestro cuidado. Los líderes efectivos rompen las jaulas y amplían la perspectiva de la gente, más allá de su limitada tarea. Crean vínculos con otros equipos y un sentido de destino común. Los líderes dedican muchísimo tiempo a derribar las barreras. Procuran que la gente vea que "estamos juntos en esto". Con la ayuda de otros integrantes y de otros equipos podremos hacer que el elefante se ponga de pie y camine en la dirección indicada.

° **Impulsan la cooperación.** Crear vínculos no es suficiente. Los líderes deben ir más allá y generar un ambiente de verdadera cooperación. Ellos convierten las cercas en puentes. Esta tarea no es sencilla: requiere mucha planificación y seguimiento. Son incontables las veces en que hemos experimentado u observado el fracaso de las organizaciones por la simple razón de que los individuos o las unidades no cooperaban. Existen muchas razones para esta clase de "descooperación". Algunas personas no ven la necesidad de cooperar, y ni siquiera se molestan en desarrollar las aptitudes requeridas para satisfacerla. Otros temen compartir el mérito con la unidad contigua. Muchos excluyen a los demás hasta el último momento, cuando ya es demasiado tarde como para obtener una cooperación genuina. Cualesquiera sean las razones, hemos visto a muchos líderes generando relaciones fuera de los límites de la organización, aunque en ese momento todavía no las necesiten. *Nota:* los líderes de equipos identifican a las personas con acceso a los recursos necesarios para sus tareas, y luego influyen sobre ellas. De este modo la cooperación está planificada y diseñada para cada tarea. *Otra nota:* los líderes sensibles raras veces queman los puentes que los vinculan con los demás, no importa cuál sea la provocación. La cooperación futura es demasiado importante como para estropearla en un momento de cólera.

○ ○ ○

Los líderes de equipo influyen sobre la *innovación* y el *desempeño*. Usted habrá leído sobre héroes empresarios que crearon avances increíbles, logros de ingeniería imposibles. Es un buen trabajo, si puede hacerlo. Sin embargo, los que nosotros denominamos líderes de equipo suelen ser personas más comunes, que generan mejoras paso a paso, consumiendo a nuestro pobre elefante de a un mordisco por vez.

Para influir sobre la innovación y el desempeño, ellos:

° **Apoyan la creatividad.** Desafían a los miembros a invertir su tiempo, talento y recursos en la búsqueda. Aquí no hablamos de creación innovadora de productos, que suele contar con una publicidad tan exagerada. Más bien, lo que más suelen valorar los líderes de equipo son los enfoques creativos ante los problemas, o algún nuevo giro que capture una oportunidad. Los líderes de equipo siempre están adaptando, ajustando y probando. Por ejemplo, Ted es absolutamente implacable en su búsqueda de pequeñas innovaciones técnicas o de procedimiento. Él quiere producir un proceso mejor para maniobrar el equipaje, y con ello brindar un mejor servicio a los que él considera "sus pasajeros".

° **Toman iniciativas.** En todos los niveles, los líderes de equipo aprovechan las iniciativas. Los grandes líderes son grandes hacedores, catalizadores capaces de recoger el pensamiento potencial para galvanizarlo en la acción. Corren riesgos razonables y estimulan a otros para que hagan lo mismo, además de invertir sus recursos para mejorar el funcionamiento de sus organizaciones. Nuestra experiencia sugiere que los líderes de equipo reconocen rápidamente una oportunidad, consiguen la participación de la gente, trazan un plan y luego sólo se ponen a trabajar. En el curso de nuestras investigaciones, se presentó otra faceta interesante de su conducta dinámica: "Prefiero pedir perdón que permiso", fue el expreso comentario de varios líderes a quienes solicitamos un resumen de su perspectiva. Como dice el comercial de Nike, *"Just do it."*[1]

°   **Evitan lo negativo.** Es decir, acentúan lo positivo. Los líderes de equipo procuran mantener un ambiente laboral donde las personas estén felices de participar. Esto suele implicar la creación de un "ambiente de servicio" –independientemente de que la organización ofrezca un servicio convencional o no– y el establecimiento de altos patrones de calidad para los clientes. Al escuchar el comentario de una supervisora minorista, supimos de inmediato que se trataba de una líder de equipo. Mientras se analizaba la motivación, exclamó: "Ya sabes, puedes azotar a los 'esclavos' y hacerlos trabajar, pero de esa manera no puedes lograr que se brinden servicios entre ellos ni al cliente que paga". El comentario expresa nuestra idea de que, en general, los líderes procuran crear un ambiente laboral positivo. Esto coincide con nuestra opinión de que un ambiente punitivo genera un liderazgo CTT (Cubre Tu Trasero), lo opuesto al modelo de los líderes efectivos.

Nuestra experiencia sugiere que cuando las personas se sienten tratadas en forma punitiva, dedican sus energías a quejarse por los problemas, a "tomar revancha", a perseguir intereses externos, etc., en lugar de buscar maneras para mejorar la calidad o proporcionar un servicio a sus colegas o clientes. Por el contrario, los líderes de equipo parecen hacer tres cosas: primero, sirven como modelo y alientan la interacción positiva con los demás; segundo, procuran eliminar las reglas y prácticas punitivas, o actúan como amortiguadores cada vez que es posible; y tercero, si usted murmura "esto es un desastre" cerca de ellos, tendrá la oportunidad de contribuir para que las cosas mejoren.

°   **Nunca están satisfechos.** El espíritu del liderazgo

---

[1] N. del T. "Sólo hazlo".

de equipo es de mejora continua. Un buen líder nunca se convence de que las estructuras, procesos y resultados existentes son los mejores posibles. Por supuesto, esto no debería sorprendernos. No obstante, lo que es importante observar es *la manera* en que abordan el proceso. El cambio gradual –la transformación del equipo día a día, paso a paso– sigue siendo la mejor estrategia de un líder para lograr una mejora sistemática. En parte, su posición arraigada en las entrañas de la pirámide organizativa los fuerza a adoptar esta perspectiva, con poco poder jerárquico o recursos materiales. Pareciera ser una estrategia de alternativas. Un líder de equipo nos confió: "Hasta las mayores mejoras de las que he formado parte se produjeron a partir de pequeños proyectos. Además, siempre experimento una sensación de logro cuando desde un principio puedo ver los resultados". Vemos un segundo elemento claro y obvio en su estrategia de perfeccionamiento.

○ ○ ○

A lo largo de este capítulo hemos subrayado el hecho de que, desde un principio y con frecuencia, los líderes de equipo procuran obtener la participación de los demás. Al hacerlo, aprovechan sus propios esfuerzos a la vez que definen las aptitudes y la cooperación necesaria para enfrentar problemas y oportunidades "sin barreras".

Si su equipo enfrenta dificultades, existen muchas probabilidades de que la raíz del problema sea el liderazgo. Usted debe encontrar un camino intermedio entre los viejo y lo nuevo, averiguar qué funciona para su grupo. Porque "lo que funciona" se encuentra en el alma del buen liderazgo. Siga probando, como Edison y su bombilla incandescente, hasta que algo se ilumine.

CAPÍTULO 11

VISIÓN DEFECTUOSA

Si no sabes adónde vas... es probable que llegues allí

Tengo una noticia buena y otra mala.
La mala es que hemos perdido.
La buena es que lo estamos pasando maravillosamente.

El sentido de este viejo dicho es que el talento, la eficiencia, la inteligencia y el poder de los equipos son bastante inútiles a menos que la gente tenga una idea de adónde se dirige y sepa cómo contribuye a la estrategia general de la organización.

Estamos hablando de visión, una de las ideas más malinterpretadas y mal aplicadas de nuestros días. La visión no es una "declaración de visión". No es algo que se crea en retrospectiva o con la mirada puesta en el consumo. No es algo que pueda crearse en un taller de fin de semana mediante el pago de 250 dólares la hora a un consultor. No está registrada en un informe para los accionistas ni en una garantía para los clientes. En realidad no se trata de palabras. Es un pensamiento que arde, y sólo existe en las cabezas (y los corazones) del equipo.

La visión es aquello por lo cual el equipo existe, y su definición adopta una forma ambiciosa. Es lo que el liderazgo debe hacer que ocurra. Sin visión, un equipo no tiene sentido de ser.

La visión empieza al nivel corporativo, marcando la dirección para la empresa como conjunto. Con la ayuda del liderazgo gotea hacia abajo y une a las subunidades de la empresa, ayudándolas a determinar su papel en el panorama total.

Entre los equipos, el problema más común con la visión es uno que fundamentalmente excede a su control: el equipo tiene una visión, pero la empresa no. Es triste que esto ocurra, pero no existe ambición, inteligencia ni trabajo que pueda tener éxito a nivel de las trincheras si la visión de la organización como conjunto es nula. "Devolver a nuestros accionistas la mayor ganancia posible sobre su inversión", es la réplica más común.

Ver el panorama completo

La visión nace del hambre. Algunas compañías que tuvieron una visión en el pasado y triunfaron, pueden pensar que aquella visión todavía está vigente. Pero en muchos casos ha desaparecido, ha sido erosionada por el paso del tiempo, por la complacencia en los altos estratos y por la glosa entusiasta de la comunicación corporativa.

Sólo cuando una compañía enfrenta momentos difíciles, algún brusco despertar por parte del mercado, comprende que necesita un indicio de su razón de ser en el negocio. Éste es un momento peligroso. Al estar en peligro y percibir que necesitan algo que representar, las compañías tienden a intentar simbolizar varias cosas en rápida sucesión. Esta rueda vertiginosa puede resultar devastadora para los equipos de la organización. Éstos se convierten en peces dentro de una licuadora, tratando de hacer lo mejor que pueden contra una realidad lamentable.

Por otro lado, si existe una visión claramente comunicada, tanto los empleados como los equipos pueden evaluar sus valores y conductas en relación con un modelo de la compañía. Si existe una colisión de valores, la gente está en libertad para modificar los propios o marcharse. En ocasiones, es mejor para el equipo que alguien se vaya, no porque la persona sea inútil, sino porque su resistencia a la visión del grupo perjudica la productividad y el ánimo general.

Dificultades para comunicar la visión

El liderazgo corporativo tiene la misión de entusiasmar a los directivos superiores con la visión de la empresa. El rol del líder de equipo es mantener viva la visión a nivel del grupo. Ésta es una tarea difícil. Requiere comunicación, pero no sólo eso. También es necesario exhortar un poco, insistir, fastidiar diez veces al día con la visión, mantenerla frente al rostro de la gente, lo que sea necesario para que la idea tenga presencia permanente.

Y además de todo esto, requiere magia: tomar una idea que uno tiene en la cabeza y, de manera sutil e ingeniosa, trasladarla a las mentes de los otros integrantes del equipo. Como si fuera una semilla, el líder planta la idea y la riega, la mantiene viva, permitiendo que –cada uno a su manera– todos comprendan por qué es beneficiosa, deseable y posible de obtener. A continuación enumeramos algunas de las dificultades más comunes:

° **Transferir.** Con demasiada frecuencia, los líderes tratan de transferir la visión. ¡Memorizad e imitad! No es un mal método para difundir la idea, siempre que el equipo esté formado por clones del líder.

° **Monotonía.** Los líderes cuyas llamas piloto se han apagado no podrán encender grandes fogatas en los miembros del equipo. La visión es algo indispensable, y la emoción es una parte natural de su creación y comunicación. No se trata de algo que los líderes puedan encender o apagar, como un fluido hidráulico. Debe ser genuino.

141

° **Vacilaciones.** Los líderes no pueden experimentar, explicar la idea de una manera a un subgrupo y de otra al siguiente. No pueden comprender la visión mientras predican sobre ella. Si el blanco se mueve, nadie logrará alcanzarlo.

° **Venta.** Otro error es cuando el líder, muchas veces siguiendo el consejo de algún asesor o autor, trata de imitar el proceso interpretando el rol del consultor, vendiendo la idea a los demás. Esto es perjudicial porque el líder adopta la posición de alguien de afuera. Es mejor aprovechar la influencia natural de un miembro confiable y aprender a atrapar el interés de la gente.

° **Falta de coincidencia.** La manera apropiada de difundir una visión es trabajar con la gente para que sus propias necesidades y deseos coincidan con la visión del equipo. Trate a todos por igual. Nada de pellizcos en el brazo ni lisonjas. Demuestre a la gente el respeto que merecen como adultos y como miembros de su equipo, y ellos tratarán a su idea con el mismo respeto. Usted no puede ser el dueño de la visión; ellos deben apropiarse de ella... por su cuenta.

CAPÍTULO 12

UN AMBIENTE TÓXICO EN EL EQUIPO

El karma de la organización

Los equipos se forman con el correr del tiempo. Las personas de afuera pueden instituirlos o crearlos, abastecerlos y ponerlos en marcha, pero un equipo no es un equipo hasta que sus integrantes se ponen de acuerdo en que lo es. E incluso entonces, les resulta imposible prosperar en un ambiente hostil. Las toxinas más atroces son la *competencia*, la *tiranía* y una colección de tonterías que incluyen la *conducta pandillera*. Todas pueden aparecer fácilmente en un equipo, y lo hacen con frecuencia. No obstante, son más perjudiciales cuando vienen impuestas de afuera.

Aquí nos proponemos mostrar cómo se puede pasar de la competencia a la colaboración, cómo evitar la tiranía, cómo saber cuándo formar un equipo y cuándo no, y las características de los miembros efectivos.

La condenada competencia

Varios años atrás, Harvey trabajaba en una pequeña división de una gran compañía a la que parecían faltarle energías, y él no lograba identificar cuál era el problema. Después de husmear un poco, descubrió que el manager general de la división tenía la sádica costumbre de disfrutar al ver a sus equipos competir y pelear entre sí por unos recursos limitados y unas pocas recompensas.

Cuando entrevistó a algunas personas, Harvey descubrió también que en realidad los recursos no eran tan escasos como afirmaba el manager general, quien simplemente pensaba que si "apretaba las tuercas", elevaría el nivel de la competencia entre equipos. Tenía razón. Con el tiempo, la fricción entre los equipos logró elevar la temperatura casi hasta el punto de fusión. El tributo que se pagó en las energías de la división fue evidente para todos... excepto para ya sabe usted quién.

Lo que decimos al respecto puede violar sus principios profundamente arraigados, pero escúchenos:

No existe nada parecido
a la competencia amigable.
Especialmente en los equipos.

En el sentido en que la gente utiliza la palabra, la competencia es un asunto de ganar o perder. El que gana obtiene el triunfo hoy, pero el que pierde tratará de desquitarse mañana.

Los equipos están más basados en la colaboración. Ésta presupone que todas las partes pueden ganar, no en cada detalle, pero lo suficiente en las cuestiones importantes como para que mantenerse unidos siga siendo beneficioso para todos.

Los competidores son oponentes, personas que se escatiman información unas a otras. Los colaboradores son colegas que comparten en lugar de acaparar, que confían en la experiencia y la pericia de los demás para lograr los resultados del equipo y progresar en los objetivos individuales.

Los equipos ejercitan la colaboración para triunfar, y también cooperan con otros grupos para alcanzar los objetivos de la empresa. Fomentar la oposición entre los equipos ("Rojo", "Azul", etc.) con premios y reconocimientos, por los que cada uno trata de dejar atrás a los demás, es lo peor que puede hacerse.

El simple sentido común debería indicarle que la competencia entre equipos es una mala idea. Promueve precisamente los resultados opuestos a los que los equipos son capaces de alcanzar. En lugar de optimizar los recursos, se desperdician los esfuerzos y la buena voluntad del grupo que está en segundo puesto.

Un ambiente tóxico en los equipos no siempre es culpa de la organización. Los individuos y subgrupos también tienen el poder de generarlo. Cuando era un joven periodista, Mike pasó de una redacción donde el líder de equipo era confiado, franco y amable a otra donde el líder había desaparecido dentro de una cabina de vidrio. Mientras que la primera redacción era un lugar de camaradería, risas y verdadero afecto, en la segunda se vivía con inseguridad, con esfuerzo y maniobrando para sobrevivir.

Si el management hubiese sido consciente de que el equipo se devoraba a sí mismo día a día, tal vez hubiera intervenido para componer las cosas. Pero, como ocurre con tanta frecuencia, hay veces en que al management le importa un comino... y el conflictuado equipo queda librado a su propia suerte.

Tiranía

Hay veces en que una organización obliga a todo el mundo a trabajar en equipo. La lógica es con frecuencia la siguiente: "Los equipos son fantásticos, así que insistamos en que todo se haga de esa manera".

Como ejemplo, tomemos a una de nuestras compañías favoritas, Honeywell. Por el lado positivo, Honeywell tiene una larga tradición en la idea del liderazgo. Por el lado negativo, en ocasiones este apetito de nuevas ideas ha implicado un exceso en la adhesión de la organización a las modas. Una nueva palabra cobra actualidad (*calidad, reingeniería,* etc.), y la gente se vuelve loca.

A fines de los '70 y principios de los '80, cuando los círculos de calidad apenas empezaban a entrar en las corporaciones norteamericanas, Honeywell se zambulló más profundo que los demás en la idea. Modestamente, su gente de recursos humanos empezó con seis círculos bien entrenados. Pronto, cada ejecutivo y cada manager quería contar con sus propios círculos de calidad, y los formaron sin la coordinación ni el entrenamiento necesarios. En un plazo de seis meses, la compañía contaba con 625 pésimos círculos de calidad.

Ahora bien, sabemos lo que ocurrió con los círculos de calidad en todos los Estados Unidos: fracasaron porque no tenían ningún poder y nadie les prestaba atención. En Honeywell, el caos, la confusión, la desilusión, la ira, etc., fueron enormes. En un plazo de 18 meses, 620 de esos equipos sufrieron una muerte muy poco digna y sus residuos quedaron en las manos de todos.

Después de esa experiencia, no es de extrañarse que hoy las compañías como Honeywell estén peleando duras batallas para poner en práctica programas como el management de calidad total y otros. Lo único que tienen que hacer es mirarse las manos y recordar: la *calidad* nos hizo esto.

Bueno, todavía ocurre. Lo único que ha cambiado es la palabra. Esta vez se trata de *equipos.* Súbete a uno o perderás el tren. ¿Quién pondría objeciones a una idea tan buena? Bueno, cualquiera podría hacerlo, si no tuviera sentido. Cuando se les pregunta, la mayoría de las personas contestan que el trabajo en equipo es bueno y que ellos mismos pertenecen a uno o dos grupos. El problema surge cuando el sistema se vuelve obligatorio y la gente se encuentra presionada a formar equipos para cualquier cosa.

La tiranía de los equipos ("¡*Debes* ser democrático, *debes* ser sincero, *debes* compartir!") suena irónica e improbable. Pero pasa todo el tiempo. Si usted nota que está pasando, haga algo para detenerlo.

Equipos versus pandillas

En la prisa por dotar a nuestras organizaciones de las diversas bendiciones provistas por los equipos, hay muchas cosas que reciben ese nombre cuando en realidad no deberían. Los grupos resultantes son demasiado grandes, desparejos y confusos.

A estas colecciones de gente las llamamos pandillas. Existen maneras de diferenciar a los equipos verdaderos de los falsos o pandillas (véase cuadro en págs. 148 y 149).

Por lo tanto, ¿cómo se evita crear pandillas en lugar de equipos?

Antes que nada, divida a los miembros en dos categorías: los *centrales* y los que actúan como *recurso*. Los miembros centrales participan de un proyecto desde el principio hasta el final, dedicando prácticamente un 100 por ciento de su tiempo y prioridades a los resultados del mismo. Por el contrario, los que actúan como recurso sólo son miembros del equipo cuando son necesarios. Son tan valiosos como los miembros centrales, pero sólo participan cuando son requeridas su pericia y su contribución.

Por lo tanto, un miembro que actúa como recurso tiene más probabilidades de actuar en varios equipos a la vez. En ocasiones se le puede pedir que participe desde el comienzo de un proyecto para que, cuando llegue el momento de colaborar activamente con el equipo, ya cuente con toda la información necesaria.

Los buenos equipos utilizan a estos miembros que siempre acuden cuando se los llama. No son sólo "gavio-

<u>EQUIPOS</u> <u>vs</u>	<u>PANDILLAS</u>
Los miembros reconocen su interdependencia y comprenden que tanto los objetivos personales como los del equipo se logran mejor con el apoyo mutuo. No se desperdicia el tiempo luchando por un territorio o por obtener una ganancia personal a expensas de los demás.	Los miembros piensan que sólo se los ha agrupado con propósitos administrativos. Los individuos trabajan en forma independiente; en ocasiones sus objetivos son contradictorios.
Los miembros se sienten dueños de sus trabajos y unidades porque están comprometidos con objetivos que ellos mismos contribuyeron a fijar.	Los miembros tienden a concentrarse en sí mismos porque no están lo suficientemente comprometidos en la planificación de los objetivos. Sólo trabajan por su salario.
Los miembros contribuyen con el éxito de la organización aplicando su talento y sus conocimientos a los objetivos del equipo.	Los miembros reciben instrucciones en lugar de ser consultados sobre la mejor manera de abordar un asunto. No se estimulan las sugerencias.
Los miembros trabajan en un ambiente de confianza y son alentados a expresar francamente sus ideas, opiniones, discrepancias y sentimientos. Las preguntas son bienvenidas.	Los miembros desconfían de los motivos de sus colegas porque no comprenden el rol de los otros miembros. Las expresiones de opinión o discrepancia son consideradas divisivas o poco alentadoras.
Los miembros practican una comunicación franca y honesta. Hacen un esfuerzo para entender el punto de vista de los demás.	Los miembros son tan cautelosos con lo que dicen, que resulta imposible una verdadera comprensión. Se inventan juegos y se ponen trampas de comunicación para atrapar a los desprevenidos.
Los miembros son estimulados a desarrollar aptitudes y a aplicar lo que aprenden en el trabajo. Reciben el apoyo del equipo.	Los miembros pueden recibir un buen entrenamiento, pero el supervisor u otros miembros limitan sus posibilidades de aplicarlo al trabajo.

EQUIPOS	vs	PANDILLAS
Los miembros reconocen al conflicto como un aspecto natural de la interacción humana, pero consideran que estas situaciones son una oportunidad para la creatividad y las nuevas ideas. Trabajan para enfrentar y resolver los conflictos rápida y constructivamente.		Los miembros se encuentran en situaciones conflictivas que no saben cómo resolver. No saben diferenciar entre la confrontación y el conflicto. El supervisor o "líder de equipo" puede aplazar su intervención hasta que ya ha sido causado un daño serio.
Los miembros participan en las decisiones que afectan al equipo, pero comprenden que su líder debe proporcionar un fallo en caso de que el grupo no logre decidirse o exista una emergencia. El objetivo son los resultados positivos, no la conformidad.		Los miembros pueden participar o no en las decisiones que afectan al equipo. La conformidad suele parecer más importante que los resultados positivos.

tas" que descienden en picada para dejar caer su carga y volver a remontar vuelo, sino que se los considera miembros valiosos que, en el transcurso de un proyecto, pueden contribuir con mucho más que con una simple ración de pericia.

Consultores que actúan como recurso del equipo

El asesoramiento de equipos es una de las industrias crecientes de los años '90. Los consultores suelen formar parte del ímpetu inicial para poner en marcha al grupo. Cuando los equipos se topan con muros de ladrillo, esas mismas personas suelen estar allí, rebosantes de "te lo dije" y de soluciones de último momento.

No se trata de malas personas. En realidad, son jugadores importantes en el esfuerzo por transformar a las organizaciones del antiguo paradigma de management científico, de estilo piramidal y de tendencia burocrática, en el enfoque más eficiente y participativo de los equipos actuales. Si piensa en una organización como en un ser viviente, un buen consultor es como la vitamina C: un catalizador externo para el cambio positivo.

En lo que se refiere a los consultores, el desafío es conseguir que su servicio valga por el dinero que cobran. Esto implica extender la utilidad de su mensaje inicial, cuya euforia suele prolongarse unas 72 horas –en las que todos los integrantes del equipo parecen "entender" súbitamente y visualizar la manera de recrear procesos y actitudes del grupo–, antes del período de baja que suele seguirle.

Lo primero que se debe hacer con los consultores es lograr que admitan que son consultores, y que tienen problemas cuando se los enfrenta con la necesidad de seguir asesorando. Si los presiona, la mayoría de ellos le concederá esto. Aquí tiene algunas otras medidas que los equipos pueden tomar para mantener vivas las nuevas ideas.

° **Converse sobre la idea.** Los miembros del equipo no deberían encontrarse con el consultor "en frío". Comuníqueles por anticipado que el tema es importante, que no será archivado como ocurre con tantas buenas ideas. Tanto antes como después de la presentación, publicítela y explíquela. Es posible que el personal de comunicaciones internas de la compañía o de la división se comprometa con el tema. Después, pida que se dedique una página a enumerar y reconocer las sugerencias de la gente en el boletín de los empleados. Pida al patrocinador del equipo que asista a la reunión, e invítelo a hacer sugerencias para que la idea se adapte al equipo.

° **Resuma los puntos clave y exhíbalos de manera visible.** Los tableros de anuncios son fantásticos. Las mesas redondas por e-mail también. Pero lo mejor es pegar el material más simple y memorable en las paredes de la oficina.

○ **Planifique reuniones de seguimiento para analizar la puesta en práctica.** Haga que el equipo se reúna a tomar un café. Explique a quienes no asistieron cuál ha sido el mensaje. Pregunte a la gente cuáles serían las consecuencias de aplicar la clase de mejoras sugeridas por el consultor. ¿Qué tendría que cambiar para que el nuevo enfoque alcance el éxito?

○ **Sea paciente.** Los perros viejos pueden aprender trucos nuevos, pero es posible que les lleve un tiempo. Tenga en cuenta los errores y la confusión. Es probable que deban modificarse las expectativas habituales.

○ **Vuelva a las fuentes.** No hay ninguna regla que le impida llamar de nuevo al consultor para que éste le aclare algunas cuestiones, incluso un año después. Él podrá mostrarle en qué se equivocó y cómo volver a encarrilarse. Si el consultor está demasiado ocupado o es muy caro, busque una fuente secundaria: libros, revistas, o un asesor que sí tenga tiempo para usted.

○ **Anticipe la resistencia.** Las personas negativas se sienten aliviadas cuando se desintegran sus iniciativas; por el contrario, las personas positivas deben pasar por alto el pesimismo de los otros para progresar. Para los líderes de equipo, el desafío está en aprovechar al máximo ambas actitudes: la positiva para ser francos y explorar nuevas ideas; la negativa, para analizarlas y criticarlas.

○ **Cambiar la predisposición.** Los líderes de equipo deben cultivar un ambiente laboral receptivo, donde las nuevas ideas no sean descartadas de antemano y donde sean pocas las personalidades negativas que censuran los eventos antes de que se produzcan.

° **Mantenga un equilibrio.** No sea como el chico con el tambor nuevo, que se olvida de todos sus otros juguetes. Si determinada mejora se convierte en una obsesión, los miembros del equipo dejarán de prestarles atención a usted y a su entusiasmo. Una actitud equilibrada, que reconoce las dificultades de aplicar una nueva idea en el marco existente, es la que tiene las mayores probabilidades de éxito.

Cuándo formar un equipo

Si usted está *absolutamente seguro* de que todo lo que necesita es un equipo, debe planificarlo. Esto significa decidir quiénes serán los miembros centrales y quiénes actuarán como recursos, para luego seguir el sendero detallado en el Capítulo 22.

Pero incluso si ha llegado a esta etapa, no es demasiado tarde para renunciar a la alternativa de los equipos. Usted no necesita formarlos cuando:

- es mejor que las decisiones las tome una sola persona
- las decisiones están predeterminadas
- el resultado no es crítico para el éxito de la compañía, la división o el departamento (como qué color de papel higiénico comprar)
- el tiempo es esencial (la decisión es para mañana)
- el proyecto tiene poca prioridad

Lo mejor es formar equipos para abordar proyectos a corto plazo, de alta prioridad, tal vez con diversas funciones y orientados hacia la acción. Usted necesita equipos cuando:

- una participación mayor implica un resultado mejor
- el tema es de naturaleza multifuncional o multidireccional
- el resultado/decisión puede causar un gran impacto sobre el departamento, división o compañía

No se sienta presionado a formar un equipo porque es lo que se debe hacer ahora. Si no le parece lo indicado, al diablo con ello. Sólo forme equipos cuando *tenga sentido*, y cuando el resultado producido por el grupo sea mayor que la suma del trabajo de los individuos.

La biosfera del equipo

¿Cómo se hace para crear un gran ambiente de equipo? Primera pregunta, ¿a quién corresponde la tarea de lograrlo?

El ambiente es responsabilidad *de todos* los integrantes que cumplen sus roles dentro del equipo. Usamos la frase *karma de la organización* para describir esta responsabilidad compartida. El karma es la rueda de las consecuencias, donde tanto los actos buenos como los malos regresan a nosotros continuamente. Como dicen en los submarinos, donde todos tienen que respirar el mismo aire: "Prescinde de ese segundo plato de habas".

Éstas son las características de los miembros de equipo efectivos:

° **Comprometerse con los objetivos.** Es difícil trabajar con entusiasmo hacia un resultado si uno desconoce cuál es ese resultado. Lo primero que deben hacer los bue-

153

nos integrantes es clarificar lo que buscan: cuáles son los objetivos de su equipo. Después de esto, los buenos miembros se comprometen con el resultado; estarán dispuestos a hacer cualquier cosa que sea necesaria, dentro de los límites de la ética.

° **Mostrar un genuino interés por los otros integrantes del equipo.** Las personas no tienen que quererse entre sí para trabajar juntas. Esto puede ser válido en el corto plazo. Pero los buenos miembros de equipo desarrollan un genuino interés por el bienestar de los otros integrantes. No se trata de un mecanismo de supervivencia, sino de un vínculo humano. Pueden parecer charlas intrascendentes, pero tienen más que ver con el afecto: "¿Cómo has pasado el fin de semana?" "¿Tu hijo todavía está enfermo?" "¿Hay algo más que pueda hacer por ti?"

° **Enfrentar los conflictos.** Los buenos integrantes reconocen la diferencia entre confrontación y conflicto, entre ser directo y estar resentido. La única manera de resolver las diferencias es abrirse, reconocer las discrepancias y negociar una solución. En realidad, los miembros efectivos intervienen para contribuir a resolver los conflictos de otros integrantes. Las personas débiles vuelven la espalda a estas discrepancias y esperan que desaparezcan, o bien las dejan en manos de otros miembros, derrochando un tiempo precioso.

° **Escuchar con empatía.** Escuchar a los demás en forma activa y empática es importante para cualquiera, ya sea que forme parte de un equipo o no. Sin embargo cobra particular importancia para lograr una buena comunicación entre los miembros de un equipo. Escuchar con empatía implica ser sensibles, no sólo al contenido del mensaje que transmite la otra persona sino también al sen-

154

timiento que se oculta tras el mensaje. Saber escuchar significa algo más que callarse la boca y esperar el turno para hablar; implica sumergirse en el corazón y en la cabeza de la otra persona.

° **Practicar la participación en las decisiones.** Los buenos miembros de equipo examinan el "primer borrador" de sus decisiones con otros integrantes antes de apretar el gatillo. Uno nunca sabe si no recibirá sugerencias que le permitan refinar la determinación todavía más. De este modo, además de obtener información adicional, se cuenta con un mecanismo "*online*" de comunicación a través del cual la gente sabe lo que uno se propone, lo cual reduce las sorpresas más adelante.

° **Valorar las diferencias individuales.** Los miembros efectivos consideran las diferencias como algo positivo. Respetan las opiniones de los otros y valoran sus perspectivas. Encuentran la manera de aprovechar las diferencias naturales en beneficio de los resultados del equipo, en lugar de usarlas como excusas para evitar trabajar unos con otros.

° **Contribuir libremente con las ideas.** Los buenos miembros de equipo no se guardan sus ideas. Cuando tienen una opinión sobre algo, la expresan aunque sólo sirva para apoyar la sugerencia de otro. Si usted tiene una idea sobre el tema en discusión y mantiene la boca cerrada, no se está comportando con eficacia como integrante del equipo.

° **Proporcionar feedback sobre el desempeño del equipo.** Los buenos equipos desarrollan un método para proporcionar un feedback constante sobre la manera en que funciona el grupo, lo que marcha bien, lo que marcha mal, y qué hacer al respecto. Los miembros efectivos también solicitan feedback a otros integrantes ("¿Cómo lo estoy haciendo?"). Independientemente del sistema formal proporcionado por la organización, los buenos equipos desarrollan métodos para contar con un feedback más frecuente y oportuno sobre personas, procesos, estructuras de apoyo y resultados.

° **Celebrar los logros.** Cuando Harvey trabaja formando equipos dentro de una organización, una de sus primeras preguntas es: "¿Cuándo fue la última vez que disteis una fiesta?" Si hace mucho que no ha tenido una fiesta, es porque no ha contado con una excusa formal para celebrar. Tal vez sus objetivos sean a largo plazo, y resulta difícil interrumpir el trabajo para festejar. Pero... hágalo de todos modos. Los equipos efectivos encuentran pretextos, por lo general relacionados con el logro de alguna meta de plazo más breve. Busque maneras de alegrar los ánimos a través de una celebración, tanto en lo personal como en lo profesional.

CAPÍTULO 13

DÉFICITS DE COMUNICACIÓN

¿Cómo lo estoy haciendo?

Su compañía insiste en que quiere un gran trabajo en equipo. Por donde mire, todos hablan de equipos. Los empleados reciben el mensaje fuerte y claro. Pero es el único mensaje que reciben.

Una vez que se han reunido en un equipo, se sienten como si se hubieran subido a un árbol muy alto, y desde allí, hasta donde pueden ver, no hay nada. Ni camiones del correo, ni cables telefónicos ni señales de humo. Están literalmente sobre un árbol, librados a su propia suerte, parpadeando. Incluso aunque usted logre crear un equipo con una varita mágica, tendrá que apoyarlo a la manera antigua, con mucho EAC: Enseñanza, Aprendizaje y Comunicación.

Enseñanza, aprendizaje y comunicación

Antes que nada, un equipo tiene que ver con los conocimientos. Cómo obtenerlos, cómo mejorarlos y cómo transmitirlos. En los viejos tiempos el conocimiento era una consecuencia secundaria de hacer negocios; hoy es un conductor primario. Las diferencias entre trabajar y aprender nunca han sido más difusas.

Si examina de arriba abajo nuestra matriz "Por qué fallan los equipos" del Capítulo 1, notará que todas las disfunciones de los equipos (liderazgo flojo, objetivos mal definidos, luchas de personalidad, etc.) son en realidad fallas de aprendizaje. Los líderes que prestan atención a su propia conducción y que escuchan a las personas de su equipo, aprenden a ser mejores líderes.

Los equipos que han trabajado con objetivos ambiguos en el pasado deberían ser capaces de identificar estas imprecisiones en el presente, y luego analizar la situación entre ellos para conseguir una mayor definición. Los integrantes que han peleado unos con otros por cuestiones de personalidad deben aprender la inutilidad de los enfrentamientos y la intolerancia, y desarrollar las aptitudes necesarias para relacionarse mejor con los demás (o al menos para no atacarse con sierras de cadena).

Si no aprendemos de la experiencia pasada, probablemente se deba a que no estamos compartiendo lo que aprendemos unos con otros. Ésta es la paradoja de la comunicación: con mucha frecuencia todos conocemos la respuesta correcta a una pregunta, pero por una variedad de razones decidimos mantener la boca cerrada al respecto.

Hace muchos años, en la revista *Organizational Dynamics*, apareció un artículo maravilloso de Jerry B. Harvey sobre esta paradoja: "La paradoja Abilene: el management del acuerdo"[1]. Empieza por citar una absurda excursión que hizo con su familia en un caluroso día de Texas. Estaban todos sentados cómodamente en la sala cuando de pronto el suegro dijo: "Vayamos en coche hasta Abilene y cenemos en la cafetería".

Al ser consultados, todos los miembros de la familia dijeron que les parecía buena idea. Por lo tanto se amontonaron en el coche y, con 40 grados centígrados, recorrieron los 150 kilómetros a Abilene. Una vez allí, la alegría pa-

---

[1] Jerry B. Harvey, "The Abilene Paradox: The Management of Agreement." Organizational Dynamics, verano de 1974, págs. 63-80.

reció disiparse. Todos querían saber de quién había sido la idea de la excursión. "Yo sólo vine para ser amable", dijo alguien. "Yo vine porque vosotros veníais."

Jerry Harvey comprendió que se había topado con una regla importante de la conducta: la mala comunicación entre la gente puede producirse aunque existan buenas intenciones. ¿Cuántas veces ha aceptado alegremente hacer algo que no quería hacer, sólo para ser un "jugador del equipo"? Es muy importante evitar este comportamiento en los equipos, ya que se trata de una forma de pereza y cobardía, algo ante lo cual conviene estar muy alerta.

Historias de horror en la comunicación

¿Cuán importante es la comunicación? Aquí le ofrecemos dos historias de horror que provienen del periódico de hoy (en su calendario terrestre es setiembre de 1994):

La Oficina Nacional de Reconocimiento, (*National Reconnaissance Office*, NRO), enfrenta grandes problemas. Es una de esas oficinas gubernamentales secretas de las que uno nunca escucha hablar, y sin embargo aquí están, dando que hablar. Parece que decidieron construir un enorme complejo de oficinas de U$S 350 millones, justo al lado del Aeropuerto Internacional Dulles, en Washington DC. El problema es que nadie parecía saber nada al respecto. El Congreso asegura que no tenía conocimiento de ello. En ningún momento se discutió el presupuesto para la construcción. La CIA, que según se supone es quien dirige a la NRO, no sabía nada. El Presidente, quien se supone debe saberlo todo, no había oído una palabra al respecto. El principal funcionario de la NRO insistió en que había hablado (brevemente) con varias personas del Congreso, y que supuestamente éstas debían comunicar el tema a los demás congresistas. Pero los pocos escogidos no se comunicaron entre sí como para armar el rompecabezas. Fue un caso clásico de mala comunicación y desconfianza del gobierno respecto de sí mismo... con lo cual se vuelve menos confiable para nosotros, los ciudadanos.

ooo

En medio de la noche, una pantalla del radar de la Autoridad Federal de Aviación (*Federal Aviation Authority*, FAA) detecta a un avión solitario que vuela muy bajo en dirección a la Casa Blanca. El aparato desciende al nivel de los árboles y poco después se estrella contra la casa presidencial. Afortunadamente, el presidente y su familia dormían al otro lado de la calle esa noche. Aunque la FAA tenía la información de que el avión se dirigía hacia la Casa Blanca, la información no fue transmitida. Pero, un momento: hubo una buena razón; cuando la cresta de eco apareció en la pantalla, nadie estaba mirando el monitor. El avión fue detectado horas después, cuando a alguien se le ocurrió revisar el registro grabado. Si el presidente hubiera estado en su propia cama esa noche, todo el mundo se habría desayunado con la mala noticia.

ooo

Aquí hay un par de ejemplos más que, probablemente, usted podrá relacionar con su propio equipo.

David y Diana se detestan. Desde hace más de un año trabajan uno junto al otro para un minorista de Chicago, en la división de servicio al cliente, y cada día se crispan los nervios el uno al otro. Su relación se ha vuelto tan ponzoñosa que con frecuencia se traslada a la calidad de su servicio al cliente. Esto es lo opuesto a la Paradoja de Abilene, pero también es muy común: se trata de una conspiración para la traición. David no transmite a Diana las dudas que sólo ella puede resolver; Diana, asegura David, altera la información que él debe transmitir a los clientes. La guerra entre ambos continúa, y en el fuego cruzado queda atrapado el participante más inocente e importante de todos: el cliente.

ooo

Un equipo multifuncional de un depósito de suministros de la Marina, en la Costa Este, está verdaderamente confundido. A algunos miembros les parece muy natural responder al líder del grupo. Otros tienen una relación preexistente con la persona que fundó el equipo. Ambos "jefes" están presentes todo el tiempo, y ninguno hace nada para resolver la situación. Todo es muy confuso y hay informaciones vitales que se pierden, aunque no exista malicia por parte de nadie. Estas preguntas requieren una respuesta: ¿Quién es el jefe funcional? ¿Quién recibe la información? ¿Quién está a cargo? Esta guerra de lealtades bien intencionadas puede destrozar al equipo.

Evidentemente, además de un mínimo de buenas intenciones, lo que se necesita es un método sencillo para comunicarse mejor.

Aprender a escuchar

Cuando pensamos en comunicarnos, solemos imaginarnos hablando. Si tan sólo pudiéramos expresar nuestras ideas con más claridad, o más despacio, o más fuerte... bueno, el mundo nos entendería mejor y conseguiríamos nuestro cometido con más frecuencia.

Por supuesto, el tema no se limita simplemente a esto. La buena comunicación es una serie de verificaciones que hacemos, primero sobre nosotros mismos y luego sobre la otra persona. Escuchar constituye las tres cuartas partes de la comunicación de calidad. Cuando ésta es realmente buena, deben estar presentes estos cuatro elementos[2]:

HABLAR	ESCUCHARNOS A NOSOTROS MISMOS ESCUCHANDO
ESCUCHARNOS A NOSOTROS MISMOS HABLANDO	ESCUCHAR

= *Hablar.* En nuestra prisa por ser escuchados y comprendidos, nos concentramos demasiado en nosotros mismos hablando. Somos el factor crítico en la comunicación, eso es cierto, pero nuestra capacidad de escuchar es mucho más importante que nuestra forma de hablar, porque es la primera (ya sea buena o mala) la que determina la calidad de la comunicación.

= *Escuchar.* En lugar de empezar por el extremo superior izquierdo, como de costumbre, comience por el extremo opuesto, donde simplemente escuchamos a la otra parte. Esto debería resultar sencillo, pero a muchas personas les causa accesos de furia. *Simplemente escuche.* No hay mejor manera de decirlo.

Si tiene problemas para escuchar, escuche bien. Los otros sectores, con sus denominaciones más misteriosas, pueden tener la clave.

---

[2] El paradigma "escuchar" de esta sección pertenece a la educadora Sue Miller Hurst, quien compartió con nosotros su teoría en una entrevista telefónica antes de su presentación en The Masters Forum, Minneapolis.

= *Escucharnos a nosotros mismos hablando.* ¿La estamos haciendo demasiado larga? ¿Añadimos muchos detalles? ¿Asestamos pequeños y sutiles pinchazos a la gente? ¿Vamos demasiado rápido, dando por sentadas cosas que tal vez el grupo no sabe? En nuestra conversación corriente existen numerosas fuentes de contaminación, y algunas de las peores surgen en el diálogo del equipo, donde inconscientemente nos esforzamos por expresar:

- nuestra importancia
- nuestro conocimiento superior
- nuestras convicciones políticas
- nuestros prejuicios, que esperamos que los otros compartan
- nuestro desprecio por las ideas de un adversario
- nuestra inseguridad respecto de lo que los otros piensan de nosotros
- nuestra falta de categoría en el grupo
- nuestro desconocimiento del tema en cuestión
- nuestro temor de que alguien esté esperando para aniquilarnos

Es como si en torno a nosotros hubiéramos erigido una pared para evitar expresar nuestras más sinceras convicciones. Existen grupos de encuentro que ayudan a las personas a derribar esas murallas. Si le parece que socava sus propios esfuerzos de la manera descripta aquí, es posible que una ayuda de este tipo le resulte útil. También existen millones de libros sobre este tema. Podrá descender por la escalera interna de su alma y ponerse a sacudir el polvo del lugar.

No obstante, le recordaremos que todo lo que usted tenga que decir sólo necesita pasar la simple prueba del equipo: ¿su mensaje es pertinente para el grupo como conjunto, para sus objetivos, su visión, las tareas en que se halla embarcado? De ser así, usted pisa tierra firme, aunque sea un neurótico y ansíe obtener aprobación.

Si no, elabore un mensaje *directo, pertinente* y *respetuoso de los demás*. Las personas lo comprenderán. Y... ¡sorpresa!, el respeto que ansiaba empezará a aparecer.

° *Escucharnos a nosotros mismos escuchando.* Hablamos de desarrollar en usted una capacidad más profunda para escuchar. Ésta es una serie de pruebas que puede realizar mientras se esfuerza al máximo para escuchar lo que dice la otra persona:

¿Está pensando demasiado? Si mientras su compañero de equipo se expresa, usted está ocupado preparando su respuesta, comete una injusticia. Olvídese de su respuesta. Sea justo con los demás y preste atención a lo que ellos piensan.

¿Saca conclusiones apresuradas? Si está inseguro o tiene prisa, es posible que mentalmente termine los pensamientos de los demás. Esto es grosero y arrogante. Cuando alguien habla, escúchelo en silencio hasta que haya redondeado la idea.

No analice. Usted puede pensar que hace un favor al equipo cuando somete las ideas a su riguroso análisis inmediato. Deje de hacerlo, ya mismo. Piense en una conversación como en un jardín, no como en una galería de tiro. Podrá analizar más tarde, cuando todos estén de humor para ello.

No esté tan seguro. Tenemos tendencia a comparar lo que escuchamos con una base de datos interna de cosas que sabemos con certeza: "Eso no funcionará... eso viola la Segunda Ley de Robbins... amigo, eso es una estupidez..." Quién sabe, tal vez su base de datos interna esté equivocada (sólo esta vez) y la persona que habla tenga razón.

Es probable que este cuarto cuadrante le haya parecido confuso cuando lo leyó por primera vez. Nosotros pensamos que puede ser el más importante de todos. Sirve para medir su propia agitación, las necesidades de su ego, sus reflejos impulsivos... sus peores disfunciones en la comunicación.

Feedback

Una consecuencia de la buena comunicación es el feedback. Las personas, y en especial los equipos, necesitan que se les diga qué es qué. El ex alcalde de Nueva York, Ed Koch, solía acercarse a la gente para preguntarle: "¿Cómo lo estoy haciendo?" Era su observación característica. Él sabía que las personas se cansaban de tanto escucharlo pedir confirmación. Pero era un sujeto astuto. Conocía:

- el valor político de ser reconocido por una frase graciosa
- el innegable atractivo humano de estar interesado en las opiniones de otros
- el valor de recibir un feedback útil

Nos ocuparemos del feedback con esta última razón en mente, pero no subestime el poder de los otros dos motivos. El feedback –la comunicación, la evaluación mutua– es un arma muy poderosa. Cuando es bueno y continuado, es como la gasolina que mantiene en movimiento a un equipo. El buen líder la hace circular todo el tiempo, por muchas razones.

Lo que hace el feedback

Vivimos y trabajamos en una sociedad que está cada vez más impulsada por la información. Lo medimos todo, y observamos esas mediciones clave (cifras mensuales de desempleo, Índice de Precios al Consumidor, las calificaciones escolares de nuestros hijos, el resumen de Visa de nuestra pareja) para ver cómo nos va y dónde estamos.

Los equipos también necesitan saber cómo les va. Es una especie de avidez, un hambre voraz de evaluar su situación en todos los sentidos:

- el feedback que intercambian
- el feedback de los líderes de equipo
- el feedback de los clientes
- el feedback de la organización de la cual forman parte
- el feedback bajo la forma de cifras
- el feedback bajo la forma de palabras
- el feedback planificado, formal y oficial
- el feedback que se produce porque sí
- el feedback del panorama general a largo plazo
- el feedback sobre el aquí y ahora

El feedback debería ser continuo, de modo que cada integrante del equipo tenga una información actualizada sobre su propio desempeño. De ese modo estará en condiciones de adaptar su estilo de trabajo y contribuir mejor con la eficacia del equipo.

Feedback bueno y malo

Sorpresas. Si usted proporciona un feedback honesto a alguna persona del equipo y nota que ésta queda desconcertada, algo anda mal. Lo más probable es que el grupo haya esperado demasiado, antes de hablar con el miembro en cuestión. Es por eso que el feedback continuo supera a las evaluaciones periódicas: los errores no tienen tiempo de convertirse en hábitos. Si aplaza demasiado el momento de corregir una situación, la persona implicada lo culpará por ello. "¿Por qué nadie me lo dijo?" Las evaluaciones semestrales no sirven de nada. Para cuando la gente descubre sus falencias, ya es demasiado tarde. Además este sistema se parece al Juicio de Nuremberg.

Sea previsor. El feedback más importante que brindamos suele ser negativo. Ciertamente es desagradable: nos atrevemos a decir que es peor dar críticas negativas que recibirlas, aunque parezca mentira. Pero lo peor que puede hacer es pasarlo por alto o minimizarlo. Por un clavo roto puede perderse una guerra. Reemplace ese clavo ya mismo, antes de que el problema se convierta en algo inmanejable.

Buenas noticias/malas noticias. Nadie acepta bien las críticas, por lo que tenemos que expresarlas con sumo cuidado. Esto implica evitar los cumplidos que no suenen sinceros y bien intencionados. Las personas saben cuando uno disfraza un reproche. Si tiene algo bueno que decir, concéntrese en ello. Cuando la noticia no sea tan buena, también sea directo. En caso de que algún miembro del equipo esté descarriado, lo mejor que puede hacer para ayudarlo es brindarle palabras de apoyo. Sin embargo es difícil ser convincente sobre estas cosas, y existe el peligro de comunicar mal lo que uno quiere corregir. Lo más indicado es decir lo que uno necesita decir. Al final resulta la manera más respetuosa de manejar el problema.

Una pregunta final

Hasta ahora hemos estado analizando el feedback como un asunto de arriba hacia abajo. Los líderes de equipo vigilan al grupo y proporcionan un feedback regular. Lo mismo hacen los jefes y supervisores.

La pregunta es la siguiente: *¿un equipo autodirigido puede vigilarse a sí mismo?*

Buena pregunta. Si los miembros no tienen la indicación de proporcionar feedback, éste se convierte en un proceso ad hoc e informal. De todos modos es útil, pero no tanto como podría serlo. El equipo debe encontrar una manera para que la información fluya por el sistema. Es probable que ya se esté produciendo una buena cantidad de feedback sin que nadie se lo proponga, y que pueda aprovecharse.

"De paso, Georgina, me gustaron los dibujos que hiciste para ese informe."

"¿Podrías redactar esto nuevamente por mí, David? Eres mucho mejor que yo para ello."

"Raúl, ese formato de archivos me trae problemas. ¿Podríamos usar uno diferente?"

Hasta los grupos informales pueden crear estructuras formales. Un equipo flotante puede instituir sesiones oficiales de queja donde ventilar todos los problemas que tienen entre sí. Si procura que el ambiente sea amistoso, las quejas no impedirán otras clases de feedback. También trate de que la situación se oriente hacia la resolución de problemas, de modo que la gente salga con un sentimiento positivo.

Un equipo sin líder puede aplicar un proceso a través del cual cada miembro actúe como caja armónica para otro, reuniéndose semanalmente para almorzar y analizar los problemas. Pueden turnarse para vigilarse mutuamente. Debería haber un convenio para que no se reúnan simplemente a darse palmadas en la espalda; tal vez el equipo podría someter a cada pareja a un interrogatorio periódico, de modo de comprobar que realmente se cumplen los objetivos de los encuentros.

CAPÍTULO 14

RECOMPENSAS Y RECONOCIMIENTO

Decir una cosa y hacer la otra

Algunas veces, los libros sobre equipos parecen sugerir que este sistema es tan fascinante que la gente estará dispuesta a trabajar gratis. Nuestras observaciones no corroboran esto. El trabajo es una inversión, y cualquier persona espera recibir algo a cambio. Si usted no les paga, no trabajarán.

La cuestión es *cómo* y a *quiénes* recompensa. Los equipos son algo nuevo, pero con algunas excepciones (pago en acciones, participación en las ganancias), no se ha aplicado mucho pensamiento newtoniano a las compensaciones, recompensas y reconocimientos para equipos.

Trataremos de hacerlo ahora.

La única analogía deportiva de este libro

Considere la siguiente situación falsa, en el Estadio Joe Robbie de Miami. Este episodio nunca se produjo; sólo usamos los nombres de las estrellas deportivas por su sello de celebridad.[1]

En este ejemplo hipotético, el jugador Dan Marino tiene un plus en su contrato. Allí dice que si juega 50 tiem-

---

[1] Este ejemplo, y el principio de seguridad de los equipos, pertenecen a Barry Leskin, vicepresidente de Aetna Educación en Aetna Seguros. Lo escuchamos en una sesión de The Masters Forum, en agosto de 1993, en Minneapolis.

169

pos durante la temporada regular de 16 encuentros, gana una bonificación de 375.000 dólares. Al principio parecía una buena idea; el equipo quería recompensarlo por mantenerse en buen estado físico.

Pero al fin llegó el último juego del año. Su equipo, los Dolphins, disputa el primer puesto con su rival Buffalo. El resultado está empatado 14 a 14, pero él ya ha arrojado cuatro intercepciones. Su defensa ha estado en el campo todo el día. Una rotación más y todos podrán despedirse de la temporada. Marino sabe que tiene un brazo impedido por un desgarro en el tendón, pero se calla la boca. El entrenador, Don Shula, lo lleva a la línea de banda y le dice: "Te voy a sacar". Marino responde: "Si lo haces, te demandaré".

¿Eh? El problema es esa recompensa, que parecía tan inteligente a los managers de los Dolphins, y que de pronto se volvió en su contra. Justo cuando todos los jugadores debían haber estado concentrados en el objetivo de ganar el campeonato, el Marino ficticio estaba dispuesto a hundir al equipo con tal de cobrar sus 375.000 dólares. Según su punto de vista, sólo hacía lo que se le pedía. Y un sistema de recompensas centrado en la acción individual estaba a punto de arruinar a todo el equipo.

Algo huele a podrido en el sistema de recompensas

A pesar de lo que se ha hablado al respecto, en la actualidad casi todos los integrantes de equipos cobran exactamente como lo hacían en los viejos tiempos, en base a un sistema estrictamente individual. Premiamos a los individuos cuando deberíamos recompensar a los equipos o a todo el grupo de trabajadores como conjunto. No estamos diciendo que no deban existir las "estrellas". Aquí también se aplica la regla 80/20: 20 por ciento de integrantes responsables por el 80 por ciento del éxito del equipo. Pero un buen equipo siempre trata de modificar esta regla; procura obtener lo mejor de cada uno de sus miembros.

En la típica corporación japonesa de la actualidad, aproximadamente un tercio de todas las compensaciones están basadas en el desempeño de la compañía.

Pedimos a los sindicatos que contribuyan a aumentar la productividad, aunque ellos saben que el éxito implica una reducción de personal: justo lo opuesto a sus intereses. Establecemos bonificaciones para motivar a la gente, pero al fin éstas no logran nada porque son automáticas o están garantizadas. Subestimamos a los miembros de un equipo poniendo zanahorias frente a sus narices. Oye, ¿no te parece atractiva esa zanahoria?

Redactamos políticas y procedimientos para que los integrantes de los equipos hagan lo correcto sin una supervisión permanente, pero fallamos a la hora de crear una cultura organizativa donde los equipos y sus integrantes se sientan seguros haciendo lo correcto.

Los equipos no realizarán los objetivos comerciales
si hacerlo implica un riesgo para ellos.

Los equipos no fracasan porque las personas que los integran sean estúpidas. Tampoco es porque no veneren las virtudes o la satisfacción del cliente, la calidad y todo el resto. Los equipos fracasan cuando sus integrantes saben que perseguir los objetivos es peligroso para ellos.

La importancia de la seguridad

¿Qué significa *seguro*? Significa que, si se proclama a sí misma como seria en lo que se refiere a calidad, una compañía no debe castigar a los integrantes de equipos que toman iniciativas para mejorarla. Significa que las personas que son exhortadas a usar sus mentes deben sentirse libres, incluso estimuladas, para discrepar unas con otras y con el management en general.

Significa que los equipos alentados a incrementar la productividad no deben ser "recompensados" por su éxito con un aviso de despido. Queremos que los equipos "corran riesgos", pero si la compañía está cayendo en picada y reduciendo personal, ¿cuántos riesgos pueden llegar a correr?

Los directivos suelen creer que son capaces de influir sobre la conducta del personal basados en objetivos trimestrales o metas financieras semestrales. Más bien ocurre lo opuesto: es la cultura cotidiana, las señales informales sobre lo que es valorado y lo que no, lo que impulsa el rendimiento más que ninguna otra cosa. Pero entonces, ¿cómo hacemos para ordenar nuestros sistemas de recompensas? Para ello tenemos que volver a las fuentes y crear un método que refleje la realidad.

El desafío radica en encontrar mecanismos que nos permitan influir sobre el desempeño de los equipos, pero que al mismo tiempo sean coherentes con la dirección estratégica y las prioridades de la organización como conjunto. Todos tenemos la posibilidad de ser flexibles para alterar nuestro sistema de recompensas; sólo necesitamos formular tres preguntas:

° *¿Qué recompensas valoran los equipos y sus integrantes?* La principal tarea de los líderes es lograr que su gente se comprometa con los objetivos. No existe un método único para obtener este compromiso. Las organizaciones difieren mucho unas de otras, y las personas que deciden trabajar en una de ellas –en una oficina de servicios gubernamentales, por ejemplo– suelen ser distintas a las que prefieren pertenecer a una compañía de ventas. En cada empresa existe una clase especial de recompensas, porque cada una busca atraer a distintos tipos de personas.

En lo que se refiere a las compensaciones, la gente también cambia sus necesidades en las diferentes etapas de su carrera. Las aspiraciones de alguien de 25 años difieren mucho de las que tienen los mayores de 50, incluso dentro de la misma organización.

¿Qué motiva a las personas? La mayoría responderá que el dinero. Pero no es tan simple. El dinero solo puede constituir un vínculo débil si las condiciones laborales son insalubres o si el trabajo mismo es desagradable. Los buenos trabajadores necesitan más: seguridad, la sensación de ser apreciados, que nadie los perturbe, condiciones laborales agradables, tiempo libre para viajar. Para algunas personas, la mejor recompensa está en el trabajo mismo, en el desafío de cumplir con una labor difícil. Para otras está en la interacción con los demás integrantes del equipo. Para algunas es la gratificación intelectual de abordar y resolver un problema complejo.

Retribuciones en efectivo

Las retribuciones en dinero siguen siendo muy importantes para la gente. Las tres opciones financieras de más éxito son la participación en los beneficios, la participación en las ganancias y la posesión de acciones por parte de los empleados. La idea que se oculta detrás de esto es premiar a los equipos que se desempeñan bien. Cada método tiene el beneficio secundario de proporcionar a los empleados un alto nivel de participación en la estrategia general de la organización y un sentido de propiedad hacia la misma. Al mismo tiempo, su defecto es una escasa motivación para que las personas se comprometan con los objetivos de la organización.

° **Participación en las ganancias.** Éste es un sistema a través del cual el dinero o recursos ahorrados por un

POR QUÉ FALLAN LOS EQUIPOS

equipo regresan al mismo, al menos en cierto grado. La participación en las ganancias se utiliza en miles de compañías, y vincula a la gente con el éxito de la organización.

Problema: el plan más sencillo debe abarcar una compañía o una sucursal. Resulta más difícil evaluar el éxito de los equipos individuales en términos monetarios. Los grupos dedicados a diseño, investigación, mejoras en la calidad y resolución de problemas constituyen una excepción.

° **Participación en los beneficios.** Este método es más conocido y difundido que el anterior, tal vez porque la idea es todavía más simple. Cada año o cada trimestre, los empleados cobran dividendos basados en el desempeño de su departamento. Por lo general, el dinero es incorporado a su plan de retiro.

Problema: la participación en los beneficios está orientada hacia los individuos y abarca a toda la organización. No se ocupa del desempeño de los equipos. Además, las gratificaciones diferidas, como los planes de retiro, nunca son recibidas como un verdadero premio.

° **Posesión de acciones.** Esto incluye diversos planes de compra de acciones por parte de los empleados.

Problema: el hecho de que los empleados sean dueños de la empresa es fantástico, pero existen compañías que no vale la pena poseer. Además, este método no contribuye mucho al desarrollo de los equipos.

Recompensas reestructuradas
Cuando las organizaciones enfrentan una reestructuración, el dinero en efectivo cobra mayor interés como recompensa para el equipo. Mañana, los integrantes pueden descubrir que el nuevo lugar de trabajo ofrece menos posibilidades de promoción, y no más. Las compañías que se

libran de niveles jerárquicos innecesarios no están ansiosas por colocar una nueva persona en esos puestos evacuados. De este modo, los miembros de los equipos pueden encontrarse estancados varios años en una posición estática. Alguien puede llegar a pasar veinte años bajo el título de "representante de servicio al cliente".

Esto suena horrible, ¿no es verdad? Pero durante esos veinte años el salario no será una miseria. En la organización reestructurada, la compañía tendrá que compensar a los trabajadores eficientes que sufren limitaciones verticales.

Piénselo. Una persona con experiencia en satisfacer las necesidades del cliente será un integrante muy valioso, capaz de obtener beneficios salariales importantes. La reducción de personal es una maldición, pero los sobrevivientes que sirvan bien a los clientes de la organización tendrán que ser generosamente recompensados. "Soy representante de servicio al cliente. Y gano 140.000 dólares al año."

Recompensas definidas por el equipo

Los gurús del management insisten en que los equipos no deberían definir sus propios sistemas de recompensa: "Es como poner zorros a cargo del gallinero". Pero nosotros pensamos que es un enfoque que vale la pena considerar de todos modos. Por ejemplo, los miembros de un equipo no deberían establecer sus propios salarios, pero podrían hacer contribuciones valiosas a la hora de definir y diseñar los programas de reconocimiento.

Es posible que usted sea muy hábil para leer el pensamiento y que haya elegido el premio perfecto la última vez. No obstante, la próxima, ¿por qué no les pregunta a los trabajadores que querrían como incentivo o recompensa? Usted no puede adivinar lo que les servirá como motivación. Piense en las propuestas del equipo como si se tratase de un laboratorio. Sí, escuchará algunas malas ideas, pero también encontrará otras en las que jamás hubiese pensado, y la mejor también servirá para otros equipos.

Trece recompensas gratuitas o de bajo coste

¿Cómo transmitir a la gente el mensaje de que sus esfuerzos son apreciados? "El efectivo siempre es de buen gusto", dice el viejo adagio. Pero no es cierto: premie un acto realizado por simple decencia u honestidad con unos pocos billetes y observe la expresión en el rostro del beneficiado.

En general, los líderes de equipo no disponen de un cesto lleno de billetes para recompensar a los mejores integrantes. Pero, de todos modos, existen muchos medios gratuitos y de bajo coste para que la gente siga participando y se sienta bien:

- **Establezca un premio.** Fije una recompensa trimestral al "miembro más valioso del equipo", y pida a los mismos grupos que voten por el ganador. Establezca otros premios como a "la mayor mejora" o al "mejor espíritu de equipo". Esto sirve para evitar que las estrellas de los equipos reciban toda la atención.
- **Hágalos participar.** Las personas que tienen relación con el logro de los objetivos deben participar en la determinación de los mismos. Incorpore a sus mejores integrantes en el proceso de planificación y logrará que caminen sobre las brasas por usted.
- **Habilite a las personas.** Para estimular la productividad, ¿qué mejor que delegar autoridad en los mejores integrantes y permitirles decidir algunos gastos para incrementar las ventas, satisfacer a los clientes o mejorar los procesos críticos?
- **No rico, pero sí famoso.** Establezca una "galería conmemorativa" en su unidad o departamento. Exhiba fotografías, trofeos y placas, poniendo el énfa-

sis sobre los mejores equipos y los mejores individuos.

- **Elogie por escrito.** Si tiene acceso a las publicaciones internas –boletines, revistas, tabloides– informe a los editores sobre el desempeño de su gente.
- **Si tuvieran un martillo.** Todos se mueren por un ordenador más rápido, un teléfono en el coche o una línea de fax. Procure que sus mejores productores tengan acceso a las mejores herramientas.
- **Conocer al jefe.** Tener la ocasión de codearse con el vicepresidente de la empresa o incluso con el CEO es emocionante, y demuestra que usted tiene interés en fomentar la carrera de su gente.
- **Comparta el foco de atención.** Una palmada en la espalda significa más cuando se la recibe frente a los compañeros de trabajo. Pero tenga cuidado de no dividir a su gente en ganadores y perdedores, o de exagerar un elogio individual.
- **Privilegios.** A todos nos gusta gozar de alguna prerrogativa cada tanto: el acceso al baño, el comedor o el gimnasio de los ejecutivos. Un lugar para aparcar cerca de la entrada al edificio. Una línea telefónica directa, sin pasar por el conmutador.
- **Almuerzo gratis.** Muchas compañías compran billetes anuales para encuentros deportivos, conciertos y otros eventos, y otras aceptan viajes, entretenimientos y otros bienes y servicios como forma de pago. ¿Por qué no compartirlos con las personas que lograron el éxito en su unidad?
- **Opción de compra de acciones.** Si su compañía no está en condiciones de ofrecer un amplio plan de compra de acciones, considere la posibilidad de ofrecer como recompensa un plan a menor escala. De ese modo sus mejores trabajadores estarán todavía más ligados al destino de la compañía.

- **Prodígueles su atención.** Años atrás, los famosos experimentos Hawthorne demostraron que la gente muestra más interés en su trabajo cuando los directivos muestran interés en ellos. Pinte la oficina, cambie los muebles de lugar, invite malabaristas y payasos para animar el almuerzo... cualquier cosa que rompa la monotonía y demuestre su interés.
- **Muéstreles su afecto.** Un buen equipo funciona como una familia, y está impulsado por el respeto e incluso el cariño. Cuando alguien se desempeña bien, exprésele personalmente su agradecimiento. Mírelo a los ojos y dígaselo. Es lo mejor que puede hacer.

° *¿Quién decide quién será premiado?* Cuanto mayor sea el control de su líder sobre las recompensas, mayores las probabilidades de que esa persona influya sobre su conducta. En las organizaciones burocráticas, esta regla no es válida: uno no tiene más que ir al trabajo y seguir respirando para recibir todo lo bueno. Los sistemas de retribución no pueden ser automáticos o manejados a distancia; para que resulten efectivos deben ser administrados de cerca. ¿Las recompensas son estipuladas por la misma entidad que evalúa el desempeño individual y del equipo? Así debiera ser.

¿Los líderes y miembros deberían formar parte del proceso de evaluación? En general, no. Es cierto que los integrantes del grupo son los que mejor conocen el valor del trabajo de los demás, pero no conviene que la gente se dedique a hacer política para obtener promociones y aumentos. Lo mejor es que la evaluación se realice fuera del equipo, aunque desde adentro se proporcione cierta información.

° *¿Qué conductas son recompensadas?* ¿Los trabajadores son premiados sólo porque se presentan todos los días?

¿Por el desempeño individual, del grupo, o de la organización? Las únicas compañías que deberían contar con un sólo sistema de retribución son las que tienen un limitado conjunto de funciones. Es natural usar incentivos para compensar a los vendedores. Pero, en todo caso, ¿por qué excluir a las funciones de apoyo? En cualquier compañía, se puede examinar toda la gama de funciones laborales y encontrar recompensas que estimulen a la gente hacia el éxito de la organización.

Los premios deberían otorgarse por los logros valiosos, no por cualquier actividad. Las personas deben sentir que su trabajo es importante. Los que, a pesar del entrenamiento, no logran una mayor eficiencia y responsabilidad, deben ser reemplazados.

Casi todas las organizaciones destinan mucho tiempo a tratar de usar su presupuesto para méritos en forma apropiada. No obstante, uno de los Catorce Puntos de Wm. Edwards Demings indica que los aumentos por mérito debieran ser abolidos. No sólo destruyen el espíritu de equipo –el aumento para un miembro se otorga a expensas de los salarios de los demás– sino que en realidad no funcionan. Dividir un 4 por ciento en x partes a fin de año no es un incentivo: por definición, el incentivo debe otorgarse *antes*, y no después.

Ésta es una idea muy simple: combinar las recompensas y el desempeño del equipo con los objetivos empresarios. Lo único que se necesita es pensar con claridad, estudiar la situación con cuidado y ser honestos para comprender lo que la organización está diciendo a sus equipos.

CAPÍTULO 15

CONFIANZA PERDIDA

¿Por qué habría de confiar en ti?

En el Capítulo 10 hemos descripto el ambiente que rodea a los líderes que han perdido credibilidad entre los miembros de su equipo. Una simple actitud traicionera y, aunque hasta entonces el líder sólo haya mostrado buenas intenciones, será colgado en la horca.

Lo que es válido para los líderes de un equipo, también lo es para todos sus miembros. Una hebra frágil mantiene unidas a personas disímiles, y ese hilo es la disposición a escucharse mutuamente. No se necesita demasiado para constituir una traición –una afirmación falsa, un malentendido que no es aclarado, una actitud egoísta por encima de las necesidades del equipo– y el hilo se corta.

En nuestro primer libro, *Turf Wars* (Guerras de territorio)[1] dedicamos 200 páginas al desafío de lograr que las personas trabajen juntas en lugar de hacerlo unas contra otras. Elegimos ese título porque nos pareció que sonaba sexy de un modo negativo, y las personas se sienten intrigadas ante las imágenes negativas (*Terminator, La caída de la casa Usher*). Consideramos que la imagen de una guerra civil en el interior de las organizaciones satisfacía ese requisito.

De haber querido un título más positivo podríamos haber escogido *Restaurar la confianza en las organizaciones*.

---

[1] Harvey Robbins, *Turf Wars: Moving from Confrontation to Collaboration* (Chicago: Scott Foresman & Co.), 1989.

Porque lo que se produce cuando se empieza a carcomer la confianza entre la gente, es una guerra organizativa y una profunda resistencia de los equipos entre sí (o incluso entre los mismos miembros).

En realidad la desconfianza es algo muy racional. Puede ser descripta como la dinámica psicológica de *conclusión*.

Cuando nos falta información sobre alguien o sobre algo, la naturaleza humana hace que cubramos la brecha con información negativa de nuestra propia creación.

Cuando no lo conozco a usted ni sé cuáles son sus intenciones, y su conducta no me parece del todo apropiada, presumo lo peor. Si no sé que me está diciendo la verdad, lo más probable es que, en mi mente, no lo haga. Este reflejo xenófobo o desconfianza es un mecanismo de supervivencia creado por los humanos para mantener la cordura, y para prolongar nuestra existencia frente a lo desconocido o atemorizante.

En una situación de equipo, la pérdida de confianza implica un destierro inmediato del círculo interno del grupo, a un lugar donde nadie nos presta ninguna atención. Y peor aún, cuando lo que nos dicen entra en conflicto con lo que vemos, perdemos la confianza por completo. Tanto en el cine como en la vida, no existe nada más insultante que llamar a alguien mentiroso. Esto niega la existencia de la persona y cualquier esperanza de mantener una relación. Junto con la confianza muere el *rapport*, la relación de equipo.

Stephen Covey[2] describe a la confianza como a una especie de cuenta bancaria. Es una buena metáfora. En una nueva relación, cada integrante empieza con un depósito

---

[2] Stephen R. Covey, *7 Habits of Highly Effective People* (Nueva York: Simon & Schuster), 1989.

convenido, digamos 100 dólares. Ese monto crecerá ilimitadamente si usted se comporta de una manera coherente y confiable. Pero también puede malgastar sus 100 dólares con pequeños actos de deshonestidad y traición... y antes de que se dé cuenta, sus promesas y explicaciones no lograrán evitar el cierre de la cuenta.

Una vez que esto ha ocurrido, resulta muy difícil restaurar la confianza. Como el pastorcito mentiroso, no tendrá una base sobre la cual construir y será castigado por mucho tiempo, sin importar lo honestas que sean sus intenciones.

Varias películas (*La naranja mecánica* es una de las primeras en venir a la mente) han mostrado cómo un individuo reformado continúa siendo mirado con desconfianza e incluso maltratado después de "enmendarse". Resulta muy difícil recuperar la confianza perdida. No se puede deshacer una traición con un simple acto de heroísmo o generosidad, esperando que todo lo que se ha dicho o hecho antes desaparezca.

Nueve estrategias para crear confianza

La mejor manera de reparar la confianza perdida es no dejar que se pierda en un principio. Si ya es demasiado tarde, le espera un largo camino para volver a ganarse la confianza de la gente. La única forma que conocemos es la insistencia. Diga la verdad. Cumpla sus promesas. Sea fiable. Reconstruya su cuenta a través de depósitos pequeños y regulares. Puede llevarle años de pagos fieles y puntuales.

Cuando no logre ser perfecto en este sentido –¿y quién puede?– reconózcalo. Dé explicaciones. Pida perdón. Y prometa trabajar para impedir que vuelva a ocurrir.

Como requisito previo para generar confianza, los líderes y miembros de equipos deben:

1. Tener objetivos claros y consistentes

En el Capítulo 5, "Metas indebidas, objetivos confusos", dijimos que un sentido de orientación claro y reconocido es esencial, no sólo para que el equipo sepa adónde se dirige, sino también como cimiento de la confianza: si uno no sabe adónde va, lo más probable es que termine justamente allí, en la incertidumbre.

Si yo no sé lo que se supone que debo hacer y adónde nos dirigimos como equipo, tenderé a estar a la defensiva para cuidar mis propios intereses y mi supervivencia. Si me siento a la deriva, me resultará difícil participar en el proyecto del grupo y comprometerme con los otros miembros. Como resultado, mi nivel de confianza será bajo. Si cuento con objetivos claros y coherentemente apoyados, podré establecer un cimiento de confianza que se fortalecerá con el tiempo, a medida que el equipo avance en la dirección indicada.

Muchos equipos se ven enfrentados a una serie de prioridades y direcciones que cambian continuamente, dejando a sus miembros perplejos y desilusionados. A muchas personas esto les resulta intolerable, y en su frustración recurren a conductas complacientes o indiferentes.

Cuando ocurre esto, es importante promover rápidamente la comunicación, reafirmar el objetivo del equipo. Piense en la comunicación y en la confianza como en una yunta. Ambas suben y bajan juntas. Cuanta menor comunicación haya durante épocas de cambio, menor será el nivel de confianza y compromiso de la gente.

2. Sea franco, justo, y muéstrese dispuesto a escuchar

Durante muchos siglos, los chinos tuvieron pautas rigurosas en cuanto a las personas que iban al paraíso y las que no. Primero, las puertas del cielo sólo se abrían para los líderes y la familia real (los campesinos pasaban la eternidad en los arrozales). Antes de poder ingresar, los líderes debían obtener una "orden para el cielo", algo así como una tarjeta de salida de prisión. Uno de los principales requisitos para obtener esta orden era ser francos, justos y dispuestos a escuchar a su gente. Esto explica por qué, incluso hoy, los viejos jerarcas comunistas que se acercan a la muerte suelen aflojar un poco las riendas de la tiranía (sólo un poco; después de todo, sólo compensan sus apuestas).

En la actualidad, el mismo principio se aplica para generar un sentido de confianza:

Cuanto más francos, justos y dispuestos a escuchar sean los individuos, mayores serán sus probabilidades de recibir la confianza de los otros (tanto de su equipo como de afuera).

La "justicia" debe estar incorporada a la conversación; la gente necesita escuchar la palabra saliendo de su boca: "Quisiera que el resultado fuese justo para todos". O "Para mí es importante que a las personas les resulte justo el proceso".

Muestre un genuino interés en lo que dice la otra persona mediante el aprendizaje y la práctica de las aptitudes de la escucha activa y empática. Procure estar accesible para los demás: practique una política de puertas abiertas. Todas éstas son maneras de iniciar el proceso de construcción de confianza.

El precepto de ser francos, justos y dispuestos a escuchar también es legítimo para los miembros de los equipos. En un grupo de verdaderos colaboradores, no pueden existir forasteros, personas que guardan secretos o conspiradores. En gran medida, ser francos significa soltar. La historia del management es una crónica de unos pocos individuos que ejercen control sobre el resto. No se necesita un doctorado en psicología para comprender que existe una relación inversa entre control y credibilidad. Los que guardan con más celo la información son los menos confiables; aquí también, la mente llena lo que no sabe con suposiciones negativas.

Para gozar de credibilidad, debe soltar el control que ejerce sobre los demás.

3. Sea decidido

Nada desinfla más a un equipo que la falta de decisiones para alcanzar un resultado. En particular, cuando está presente la persona que "se supone" que debe tomarlas.

¿Es un fanático de los axiomas? Aquí le ofrecemos uno:

Cuando se trata de generar confianza,
hasta una mala decisión es mejor que ninguna.

Las personas no confían en los indecisos (véase más adelante). En ocasiones, la confianza desaparece, no porque las decisiones no se tomen, sino porque el equipo no está de acuerdo con la forma en que fueron tomadas.

Supongamos que un equipo llega al momento en que debe tomarse una decisión sobre un proyecto. Alguien espera consenso. Otro supone que quien debe decidir es el jefe. Un tercero espera alguna recomendación por parte de un subcomité. Las expectativas de los miembros se ven frustradas. Todos se sienten enfadados y empiezan a cuestionarse los motivos. La confianza es vista por última vez subiendo a la autopista que sale de la ciudad.

Esto puede parecer exageradamente cauteloso, pero no lo es:

Antes de estar en condiciones de tomar decisiones
importantes,
los equipos deben decidir cómo tomarán esas decisiones.

4. Apoye a todos los otros miembros

La lealtad es un elemento esencial para generar confianza de equipo. El concepto proviene de la vida familiar. Si usted procede de una familia numerosa (tres hermanos o más), seguramente sabrá muy bien lo que significa la rivalidad entre hermanos. Cada tanto hay peleas a los golpes, pero todos se protegen entre sí cuando se presenta una amenaza externa. Esto es el apoyo mutuo.

Un equipo es una familia.

Las peleas se producen, pero uno las mantiene en el interior del grupo. No saca a relucir la ropa sucia frente a los demás. Uno protege a los miembros de los ataques que provienen de afuera. Si alguien externo critica a un integrante, usted lo defiende. (Piénselo: esa misma persona que critica, ¿confiaría en usted si lo viera desacreditar a sus compañeros de equipo por la espalda? Probablemente no.)

5. Asuma la responsabilidad por los actos del equipo

Esto resulta bastante difícil para algunos integrantes de equipo. Si algo sale mal, uno no señala con el dedo; asume personalmente la responsabilidad por los actos del equipo como conjunto. Esto vale tanto para los líderes como para los miembros.

Conocemos una organización cuyos equipos tenían una insignia que representaba su falta de confianza. Era un par de brazos cruzados, con los dedos apuntando en direcciones opuestas.

*Señalar con el dedo en forma acusadora
destruye la propia fibra del trabajo en equipo.*

La adjudicación de culpas daña el proceso de equipo. ¿Quién hablará con franqueza y proporcionará críticas honestas si sabe que alguien del equipo lo atacará con un martillo? Desde el punto de vista de la confianza, es mucho mejor ser una persona "con la que se puede contar", alguien que no culpa a los demás por los fracasos de equipo. No se trata de decir que no se cometen errores, sino de saber que éstos son los errores del grupo, y que se aprende de ellos para continuar avanzando.

6. Otorgue el crédito a los miembros del equipo

La siguiente frase pertenece a Albert Einstein:

> *Nada te pertenece jamás*
> *hasta que lo dejas ir.*

Lo cual significa: si lo que quieres es reconocimiento, sé generoso con lo que has hecho.

Es posible que el germen de la idea le pertenezca, pero, ¿no necesitó a todo el equipo para nutrirla, expandirla y aplicarla a la tarea del grupo? La prima donna que insiste en llevarse todos los aplausos puede ser una integrante muy valiosa, pero en su mismo talento se oculta la semilla que destruirá al equipo.

Apunte un reflector hacia las personas de su grupo. Pero hágalo con sinceridad. Si sólo se trata de un artificio superficial (como los discursos de agradecimiento en la entrega de los Oscar), en lugar de cultivar la confianza, la matará. Sin embargo, si ofrece un genuino reconocimiento por los logros de sus compañeros, la confianza crecerá.

¿Puede ser sincero? ¿Es capaz de compartir? En general somos bastante egoístas, por lo que no nos resulta natural compartir el crédito con los demás. Es algo sobre lo cual hay que trabajar.

Mientras trabaja en ello, tenga muy en claro esto: una de las peores cosas que puede hacer es entremeterse con la gloria de otro. No existe nada más exasperante que ver a otra persona asumiendo el mérito por el trabajo de uno. Un integrante que roba los laureles del otro... ¿qué se puede decir?

Un tipo inteligente, este Einstein.

7. Sea sensible a las necesidades de los integrantes del equipo

El trabajo es difícil, cansador, frustrante, con frecuencia angustiante. Por esto nos sentimos agradecidos cuando nuestros compañeros indican que comprenden las presiones, que simpatizan con nosotros. No hablamos de lástima o de convertir el tema en un melodrama con violines, ni tampoco de tratarnos unos a otros como si fuéramos niños. Hablamos de compañerismo, de brindarnos las señales humanas de comprensión y aprecio.

La mejor manera de construir una sólida cuenta
bancaria de confianza es demostrando conciencia y
sensibilidad ante las necesidades de los otros
integrantes del equipo.

Al mostrar a sus compañeros que realmente se preocupa por sus esfuerzos –tanto en casa como en el trabajo–, hace que se sientan cómodos con usted e incrementa las probabilidades de que exista una comprensión recíproca.

A un nivel menos íntimo, implica ser sensibles a las preferencias prácticas de la gente. Por ejemplo, cada uno prefiere una manera distinta de comunicarse: cara a cara, por escrito, por correo electrónico, con muchos detalles o no, con recomendaciones o no, etc. Haga saber a la otra persona que trata de relacionarse de la manera en que le resulta más cómoda a ella, no a usted. Esto requiere flexibilidad y consideración de su parte, pero a cambio recibirá la atención y la buena disposición de los demás.

8. Respete las opiniones ajenas

No todos ven el mundo de la misma manera; de hecho, no existen dos personas que lo hagan. Cuando cinco personas presencian un accidente automovilístico, la policía obtiene cinco informes diferentes. Cada opinión se basa en un punto de vista individual. Es por eso que existen cinco mil millones de personas en el mundo, y no una persona muy grande.

Alguien de su equipo puede presentarle una idea que a usted le parezca absolutamente demente, pero no por eso usted diagnosticará locura o le faltará el respeto. Los mejores equipos están formados por gente con la mayor diversidad de percepciones, pero que aprendieron a comprender y valorar las opiniones de los demás.

La confianza sin respeto es como un emparedado sin pan.

Si no puede respetar a alguien, en especial a un integrante de su equipo, nunca confiará en él. La gente no tiene botones de RESPETO que puedan activarse en el momento deseado. En realidad, somos muy tacaños al respecto: "Yo no puedo brindarlo; ellos tienen que ganárselo".

Si se encuentra abrumado por su propia tacañería, ¿qué puede hacer? Primero reconozca el hecho y conceda que, al menos en parte, es su problema. Todos merecen un nivel básico de respeto, después de todo; si por su naturaleza usted desprecia incluso ese nivel básico, es probable que usted constituya *todo* el problema. *Sugerencia:* las personas que carecen de respeto por los demás no siempre tienen la abundancia de autoestima que creen tener.

Para aprender a respetar, regrese a los fundamentos de los objetivos y los roles. Concéntrese en la tarea, no en el personal. Trate de generar una base de confianza sobre lo que alguien se compromete a ser. Deje a un lado pasadas conductas erradas o peculiaridades.

Las murmuraciones matan el respeto. Con frecuencia escuchará rumores como "ten cuidado con Carlos". Carlos no es su reputación. Forme su propia opinión trabajando con él, no a partir de los vagos rumores que se escuchan en el comedor.

9. Habilite a los miembros para actuar

Los miembros de un equipo no pueden ser habilitados para actuar; deben hacerlo por su cuenta. No obstante, como integrante del grupo usted puede contribuir a crear un ambiente donde otros miembros se sientan en libertad de correr riesgos y actuar para completar las tareas.

En una organización donde las personas tienen miedo de actuar o de correr riesgos sin consultar primero con una autoridad superior, los intentos de "habilitar" a alguien serán resistidos. Cuando los miembros de un equipo se sienten cómodos actuando y comunicando a su jefe lo que ocurre (de modo que el jefe no termine con un huevo en la cara), la confianza comienza a crecer.

La confianza brindada produce a cambio confianza,
apoyo y lealtad.

Percepciones y confianza

Hace un momento –en el número 8, "Respete las opiniones ajenas"– mencionamos que personas distintas pueden ver la misma situación de diferentes maneras, y arribar a interpretaciones conflictivas. Evidentemente, cuando ocurre esto cada uno empieza a preguntarse si el otro estará loco, si se engaña a sí mismo. "¿Cómo compartir mis opiniones con personas que no son capaces de ver lo que está frente a sus narices?"

Las diferencias perceptuales entre miembros de un equipo son una de las principales causas por las que se pierde la confianza. Para revertir esto, primero debemos entender que existen buenas razones para que nuestras percepciones del mundo difieran tanto. Todos *seleccionamos*, *organizamos* e *interpretamos* la información de maneras diferentes. Analizaremos uno por uno estos factores.

Las percepciones son *seleccionadas*. Constantemente estamos rodeados y bombardeados por la actividad. Luces, ruidos, conversaciones, el viento y hasta nuestros propios pensamientos son fuentes de estímulo que podemos percibir.

Para extraer un sentido de todo esto, nos volvemos selectivos en nuestras percepciones. Editamos. Dejamos afuera las luces de los carteles de la calle, el zumbido del aire acondicionado, las conversaciones ruidosas y el niño que nos pide ayuda... y nos concentramos en lo que estamos leyendo. Cuando al fin el niño logra llamarnos la atención, reenfocamos, dejamos fuera el resto, nos volvemos hacia él como Robocop y decimos: "Lo siento, no te escuché".

Elegimos el estímulo que queremos percibir, basados en nuestras *expectativas*, *necesidades* y *deseos*. Si nuestra primera impresión de alguien es negativa ("Se viste como una ridícula"), tendemos a elegir los actos que apoyen esa primera impresión ("Mira ese escritorio"). Esperamos que ciertas cosas sean verdaderas, y por cierto que así las encontramos.

Si necesitamos más espacio en la oficina, notamos todo el espacio vacío que existe en el edificio... aunque nunca antes lo hayamos observado. Si queremos un barco nuevo, de pronto tomamos conciencia de todos los barcos en venta al costado del camino cuando volvemos de trabajar.

La palabra más poderosa de nuestro idioma
es la palabra ADVERTIR.
Si no adviertes tu entorno,
no podrás interactuar efectivamente con él.

Cuando hemos seleccionado la información, la *organizamos* a través de dos métodos muy interesantes. Uno es llamado *figura en primer plano*, es decir, una parte de la información se convierte en la figura que enfocamos, y todo lo demás queda desplazado al fondo. Esto es lo que ocurre cuando dos personas creen estar hablando de lo mismo, pero en realidad se refieren a dos cosas diferentes.

Tal vez le haya ocurrido. Está conversando con alguien; la charla termina; usted piensa que han llegado a un acuerdo; entonces, quince minutos después, se lleva una mano a la frente y se pregunta: "¿Los dos hablábamos de lo mismo?"

Tal vez habrá notado que la otra persona hacía algo totalmente distinto de lo que, según usted, habían acordado hacer. En realidad ambos escucharon cosas diferentes de la misma conversación, basados en el foco o la prioridad predeterminada de cada uno. Los dos escuchaban su "oído interno" en lugar de lo que la otra persona decía. La conversación no fue más que un "monólogo doble". No pudo convertirse en una verdadera comunicación.

Lo que es importante para nosotros
puede no ser lo importante para otra persona.

Allí es donde empiezan los malentendidos. Para impedirlos, nunca finalice una conversación sin dejar en claro *quién* es responsable de *qué* y *cuándo,* y *cómo* se efectuará la verificación para que el asunto continúe encarrilado.

La segunda manera en que organizamos información, es a través de la *conclusión.* Se basa en el principio de que donde hay humo, hubo fuego. Si tenemos información incompleta sobre algo, tendemos a llenar los blancos con lo que ya sabemos (humo, por lo tanto fuego). El problema radica en que tenemos una tendencia natural a llenar los blancos con cosas *negativas,* no positivas. Por lo tanto, si no somos convocados a una reunión o no recibimos un memo que consideramos debía habernos llegado, pensamos que alguien ha tratado de dañarnos en forma intencional. ¿Le suena familiar? Cuanto mayores sean los niveles de confianza, menores las probabilidades de que se produzcan conclusiones negativas.

Muchas veces sólo vemos una parte de lo que ocurre, pero lo organizamos completando la parte que falta. Para nosotros, estos agregados son tan reales como lo que hemos observado. Es por eso que los rumores son tan fáciles de iniciar, cobran tanta fuerza una vez que han comenzado a circular y resulta tan difícil ponerles fin.

Para superar esta tendencia, la próxima vez que experimente inquietud ante lo que le está siendo comunicado, verifique los hechos o averigüe las intenciones de la otra persona.

Cuando suponemos que existen intenciones
negativas por parte de
alguien, reaccionamos "desquitándonos".

Después de seleccionar y organizar la información, el paso siguiente es *interpretarla.* Nuestras interpretaciones se ven afectadas por la *ambigüedad* de la situación, nuestra *actitud,* nuestra *orientación* y el contexto *psicológico* de la situación.

= *Ambigüedad.* Un hombre irrumpe en el bar de un aeropuerto con evidente prisa. Ordena una copa, la bebe de un trago, arroja un billete de 5 dólares sobre la barra y sale corriendo. El cantinero se acerca lentamente a la barra, recoge el dinero, se vuelve hacia otro cliente y dice: "¿No es interesante? Estaba tan apurado que se olvidó de pagar su copa... pero me dejó una propina de 5 dólares".

Ambigüedad: si no le dice a la otra persona cómo quiere que interprete la información, la dejará en libertad para hacerlo basada en cualquier cosa que esté dando vueltas por su cerebro en ese momento.

= *Actitud.* Si usted es como casi toda la gente normal, durante el día su humor va cambiando según sus interacciones con otras personas o la información que reciba. Usted puede saber cuál es su actitud en un momento determinado, pero los demás no. Para mejorar su comunicación con la gente –que interpreta sus mensajes a través de sus conductas verbales y no verbales–, usted tiene que expresarles cuál es su actitud en el momento de la conversación. Algunas personas han dibujado en una tarjeta un rostro con una sonrisa, y otro con los labios curvados hacia abajo en el reverso. A medida que su humor cambia en el transcurso del día, dan vuelta el cartón hacia un lado y hacia el otro. Esto permite que quienes se acercan a hablarles interpreten mejor su información.

El aspecto de las cosas que nos son externas
depende mucho del modo en que son las cosas dentro
de nosotros.

= *Orientación.* Todos tenemos orientaciones o zonas de comodidad dentro de las cuales operamos. Éstas pueden estar formadas por las experiencias de nuestro lugar de origen (por ejemplo, todos los franceses piensan y actúan en forma similar, pero son distintos de los ingleses), nuestros antecedentes religiosos/filosóficos (judíos, católicos, luteranos, humanistas, musulmanes, ateos, etc.), nuestra herencia cultural (italiano, africano, latino, norteamericano, etc.), nuestra raza (negra, blanca, roja, amarilla, etc.), nuestras preferencias sexuales (heterosexual, homosexual, ambos, ninguno, etc.). Cada orientación es única y nos convierte en quienes somos. También requiere que seamos sensibles a la orientación de los otros para poder comunicarnos mejor con ellos.

= *Contexto psicológico.* Ésta es una trampa humana en la que caemos con frecuencia. Básicamente, todos interpretamos la información que escuchamos en base a lo último que casualmente estábamos pensando. Por ejemplo, si una vendedora piensa que sabe lo que una clienta necesita (un abrigo azul), es posible que sin pensarlo ordene el abrigo azul, aunque la cliente sólo haya comprado un par de calcetines rojos. La vendedora escribió la orden basada en lo que estaba pensando, no en lo que realmente le habían dicho.

En las fábricas suele haber un depósito al final de la línea de montaje. Allí es donde se coloca todo lo que es necesario rehacer. Se ha calculado que, en todas las industrias, un 40 por ciento del coste de rehacer el trabajo es resultado de los errores debidos al contexto psicológico: personas que perciben mal, ven patrones falsos o, sin pensarlo, dan vuelta un tornillo hacia la izquierda en lugar de a la derecha. Nos llevamos la mano a la frente cuando cometemos esos errores completamente evitables... y luego procedemos a cometerlos otra vez.

Lo importante aquí es que los miembros estén muy atentos a sus propias actitudes. La desconfianza –que en otras épocas nos hubiese salvado de la traición– se ha convertido en un enemigo en la era de los equipos. Tenemos que aprender a identificar el momento en que nuestros instintos sobre los demás nos resultan útiles, y cuándo nos causan un daño.

Está muy bien confiar en tus sentidos.
Es a tu cerebro a quien tienes que vigilar.

La confianza perdida puede no recuperarse nunca. La cuestión es delicada: dos golpes, y uno queda fuera de combate. Cuando la confianza ha desaparecido, debe ser reemplazada por el control: reglas, reglamentos, estructuras, expedientes. El equipo dedica tanto tiempo a vigilarse como a hacer su trabajo.

Un mundo sin confianza es un mundo lleno de abogados. Éstos son los artífices sociales del control. Cuando los miembros de un equipo abandonan los intereses del grupo por las experiencias individuales, fracturan el espíritu de equipo. El "abogado del equipo" crea un lenguaje aterradoramente claro y muy poco creativo. La ironía es que, en definitiva, el control se pierde de todos modos, ¿ya que quién comprende la claridad del vocabulario legal? Un equipo que se encuentra sin reservas de confianza empezará a pensar como un abogado: no en lo que funciona, lo que es mejor o lo que satisface las necesidades del cliente, sino en lo que cumple técnicamente con lo que se nos ha pedido.

CAPÍTULO 16

CUESTIONES DE CAMBIO

¿Quién está meciendo el bote?

Atravesamos una época donde todo se reinventa, se reestructura y se transforma. Y la detestamos. Odiamos el cambio porque, independientemente de la respuesta que elijamos entre las tres clásicas que existen, nos gana. Si *no aceptamos el cambio,* éste nos pasa por encima como un tractor. Si *tratamos de aceptarlo,* igual nos deja desconcertados. Si procuramos *anticiparlo* para estar listos cuando llegue... bueno, no conseguimos mucho, igual nos destruye los nervios. El cambio es dolor, aunque uno mismo lo haya provocado.

Para un equipo, el cambio es lo que el océano para una esponja: está adentro, afuera, en todas partes; es el medio donde ocurren las cosas. En la mayoría de las compañías, los equipos forman parte del cambio. Como ellos están orientados hacia la flexibilidad, deberían ser más capaces de manejar las dificultades del cambio que los grupos laborales convencionales.

Pero de todos modos es un estorbo, y muchos equipos han perecido por no poder adaptarse a los cambios que se presentaban. Este capítulo se ocupa de las relaciones entre los equipos y el cambio.

Comprender el cambio

No pudimos decirle mucho a un conocido nuestro, Steve.

Él y su equipo fueron golpeados duramente por el cambio, y pagaron un precio terrible.

Steve tuvo que trasladar a su equipo de diseño de productos a las oficinas centrales (a 30 kilómetros de donde solían trabajar), mientras el grupo de fabricación que ellos apoyaban permanecía donde estaba. Nadie entendía muy bien el sentido de este traslado. El hecho de que la decisión llegó sorpresivamente y con poca anticipación generó cierta ansiedad y tensión. Steve tenía cuatro desafíos: tranquilizar a su equipo, adaptarse junto con su gente al nuevo lugar, mantenerse en contacto con el sector de fabricación, a 30 kilómetros de distancia, y mantener los niveles de desempeño mientras ocurría todo esto.

Mientras tanto, había que tomar muchas decisiones y conectarse con varias personas. En muy poco tiempo, tenía que igualar el funcionamiento de procesos laborales que había tardado años en encauzar en la antigua ubicación. Entre las cuestiones a considerar se incluían suministros, copias, correo, parking, estrategias de comunicación, políticas, procedimientos, insignias, adjudicación de espacios... ¿y dónde me dijo que estaban los baños?

A Steve le tomó tres meses y varios frascos de tranquilizantes superar la resistencia inicial del equipo, realizar la temida mudanza e instalarse para empezar a trabajar. Tres meses de empujar y tironear con varios empleados de las oficinas centrales, quienes parecían recién llegados de Marte ("¿Y tú quién eres? ¿Has venido a hacer qué?") Tres meses de tensión, confusión, nerviosismo, frustración y amargura.

¿Cómo reaccionó la productividad ante todo este desastre? Fantásticamente: desapareció.

Para cuando terminó la odisea, que todos soportaron con fortaleza, eran un despojo. Estaban desmoralizados y exhaustos. Y por supuesto, no tuvieron un período de descanso, porque el cambio nunca se rinde. Una ola te da vuelta, y atrás viene su hermana mayor.

Siete verdades amargas

Si realmente desea ayudar a su equipo a aumentar la tolerancia al cambio, existen siete factores que debe comprender. Al experimentar un cambio:

1. *Las personas se sienten torpes, incómodas e intimidadas.* Quienes mejor se adaptan al cambio son aquellos que fueron criados en un ambiente variable, como los hijos de militares o de investigadores científicos, que suelen mudarse cada tres o cuatro años. Para el resto de nosotros, el cambio produce temor y sufrimiento.

2. *Antes que nada, las personas pensarán en lo que deben abandonar.* Es un mecanismo de defensa: pensar en lo peor. En lugar de pensar en lo que pueden ganar, los miembros del equipo se concentrarán en lo que tienen que perder. La tarea de un líder efectivo es pintar un panorama de expectativas positivas, de modo de superar esta conducta defensiva natural.

3. *Las personas se sentirán solas.* La mayoría no compartirá la ansiedad que siente con sus compañeros, por miedo a que lo consideren indeciso o poco comprometido. Como resultado, durante el cambio se produce muy poca comunicación aunque justo en ese momento resultaría esencial. La gente tiende a adoptar una postura tensa y a sentirse aislada y sola. Cuando se trata de un cambio, los sentimientos son hechos. Ahora es el momento de animar a las personas para que se expresen y resuelvan sus emociones.

4. *Las personas sólo pueden manejar determinada cantidad de cambio.* Hemos trabajado con varias organizacio-

nes durante tiempos de grandes cambios, y algunas han tenido más éxito que otras. Una de las claves para lograr un cambio con éxito es la regulación de los tiempos. Las compañías que distribuyen las modificaciones en pequeñas dosis a través de períodos de tiempo más largos, con la esperanza de reducir el impacto negativo, se sorprenden ante el repentino decaimiento que se produce después de la segunda o tercera dosis. Los medicamentos también pierden efecto de esta manera. Hasta que los miembros de un equipo puedan visualizar cuál será su tarea y su rol cuando el cambio se haya completado, lo más probable es que sólo asientan con la cabeza y no obedezcan.

Las organizaciones que han tenido más éxito con el cambio dan pasos importantes en lapsos breves, con una minuciosa descripción del producto final por delante. Con esta información, los miembros toleran mejor el dolor a corto plazo ya que conocen los beneficios que obtendrán a largo plazo. El método de "goteo" o cambio gradual sólo incrementa la desconfianza que muchos empleados ya sienten por la conducción.

5. *Las personas tienen diferentes niveles de disposición hacia el cambio.* Siempre que a un equipo se le pide un cambio, algunos miembros estarán encantados y otros parecerán tener un ancla atada en torno a su entusiasmo. Como vimos en el Capítulo 9, "El problema interpersonal", las personas son muy diferentes unas de otras, y la velocidad con que pueden comprometerse con un cambio no es más que una diferencia más. En lo que se refiere a los equipos, el desafío es impulsar la disposición de sus miembros más renuentes. Cualquier intento de presio-

nar se encontrará con una mayor resistencia y demorará el proceso. Los pasos que se detallan más adelante contribuirán a acelerar el proceso de cambio, incluso para los menos entusiastas.

6. *Las personas se quejarán de que no tienen los recursos suficientes.* En medio del dolor del cambio, la primera queja que se oye es: "Podríamos hacerlo si tuviéramos más recursos". Seguro, todos querríamos contar con recursos adicionales... pero por lo general no hemos aprovechado demasiado los que ya teníamos a nuestra disposición. Casi siempre, para atravesar una fase de cambio, un equipo se las puede arreglar muy bien utilizando recursos sin explotar, disponibles, compartidos, prestados, robados o desconocidos hasta el momento. Mire a su alrededor. Utilice lo que nadie más está usando. Improvise. Un truco formidable es acudir a la persona que obstruye el acceso a los recursos y pedirle que sugiera algunas alternativas. Si sabe cómo pedirlo, posiblemente logre que se despeje su camino. Estas personas no ofrecen la información en forma voluntaria, pero cuando son consultadas suelen responder.

7. *Si afloja la presión, las personas volverán a sus antiguas conductas.* El ímpetu es una fuerza maravillosa. Como una brújula consigue que uno no se desvíe de la dirección indicada. No obstante, si lo que usted necesita es un cambio de dirección, el ímpetu puede matarlo. Al igual que un imán, lo atraerá hacia el antiguo rumbo, hacia la forma habitual de hacer las cosas. El cambio es una fuerza temporaria que nos empuja en una nueva dirección, pero sólo si es aplicada continuamente hasta que las nuevas conductas se han convertido en la norma, en el nuevo

203

norte. Si en un proceso usted afloja la presión demasiado pronto, el equipo volverá a su vieja manera de manejar los negocios, las relaciones, las conductas, los procesos y los hábitos.

Lastres humanos

Es probable que el factor más común en la vida de todos sea el cambio. En el trabajo, en casa, en la vida social, cada día se producen transiciones que modifican las cosas. Algunas variaciones son grandes y significativas; la mayoría son pequeñas y simplemente se inmiscuyen en nuestra rutina diaria. Para comprender nuestra reacción ante el cambio, primero tenemos que observar los *lastres* que nos hacen reducir la velocidad cuando nos aproximamos a cualquier cambio. Éstos son de tres tipos: *Personas, Procesos* y *Estructuras.*

La resistencia al cambio es casi un hecho fundamental de la naturaleza humana. Quisiéramos que esto no fuese cierto. La resistencia a lo inevitable parece sugerir que hay algo de estúpido en nosotros. Pero es cierto. Por lo tanto la fórmula es algo así:

> *Los cambios imprevistos generan ansiedad...*
> *La ansiedad arraiga sus pies en la resistencia...*
> *Una fuerza irresistible colisiona con un*
> *objeto inamovible...*
> *El equipo estalla en una inmensa bola de fuego.*

Pasa todo el tiempo. Bueno, no siempre... pocos ganadores de la lotería renuncian a cobrar el premio con tal de eludir los cambios que trae la riqueza. Pero por lo general el cambio estimula la resistencia.

Creemos que, en su mayor parte, la *resistencia* proviene de un proceso que se desarrolla en dos etapas. Primero, los seres humanos son animales de costumbre, rodeados por una *zona de comodidad* de conductas e interacciones. Demasiadas variaciones suelen implicar que tendremos que abandonar nuestra zona de comodidad para enfrentar consecuencias desconocidas, las cuales tenemos que evaluar. Si ganamos la lotería, obtenemos una promoción, o encontramos una pareja, la mayoría de nosotros reaccionamos positivamente. *Nos resistimos al cambio cuando percibimos consecuencias negativas o incertidumbres.*

La resistencia puede provenir de varias fuentes:

- **miedo** al fracaso; a la pérdida (de identidad, pertenencia, control, sentido, seguridad, etc.); a lo desconocido; y a las consecuencias negativas como las críticas por los errores cometidos;
- **pereza** de aplicar el esfuerzo necesario para que se produzca el cambio. Estas son las personas que sólo ven el trabajo requerido a corto plazo, y se vuelven miopes ante el *panorama general* o el plazo más largo;
- **ímpetu previo**, demasiado tiempo y esfuerzo consumido "a la antigua", es decir lo opuesto a la pereza. Uno se dirige en determinada dirección, ha cobrado velocidad, se siente muy bien... y entonces alguien le pide que aplique los frenos y gire en una nueva dirección. El compromiso del equipo debe pagar un precio por ello;
- **historia,** aversión o desconfianza hacia los iniciadores del cambio. Es entonces cuando suelen producirse los "desquites". Ya sea para ajustar viejas cuentas o porque no le agrada la persona que está a cargo, usted se resiste, activa o pasivamente.
- **beneficios;** no se percibe provecho alguno a cambio de la inversión (*¿Y esto para qué me servirá?*). Los humanos no sólo somos animales de costumbre, sino que también somos un poco egoístas. Si no ve-

mos una ventaja personal en el esfuerzo de cambio, tendemos a esperar que éste pase, o no participamos con entusiasmo. Es tarea de los *líderes* de la organización mostrar los beneficios que cada individuo puede obtener.

Lastre en los procesos

En los procesos existen lastres que debemos vigilar, de modo que no perjudiquen nuestros esfuerzos de cambio. Entre éstos se incluyen la mala planificación y comunicación, así como un descuido en la realización y el resultado del cambio.

La planificación y la comunicación van de la mano. Es posible que usted tenga pensados los mejores planes del mundo, pero si nadie los conoce ni los apoya, le resultarán inútiles. De un modo similar, los conductos formales o informales de comunicación son sólo eso... conductos. El hecho de que se utilicen como cloacas o lanzadores de cohetes depende de usted.

Otro lastre potencial en los procesos de cambio es el descuido en su realización y su resultado. Para tornarse real, una visión requiere acción. El hecho de que haya aprendido nuevas técnicas o hablado sobre modificar algo en el trabajo no hará que ocurra un cambio, a menos que exista un proceso *integral* para realizar los planes y verificar los progresos en lapsos predeterminados. Esto contribuye a impedir que la gente recurra nuevamente a sus *viejos hábitos de conducta y desempeño.*

Lastres en la estructura

¿Alguien alguna vez le ha dicho: "No podrás llegar allí desde donde estás", o le ha citado políticas, procedimientos, reglas o reglamentos como *razones* por las cuales algo no puede cambiar? De ser así, usted ha experimentado un lastre estructural. En su mayor parte, las políticas y procedimientos (Capítulo 8) fueron creados por razones específicas en algún momento del pasado. Muy rara vez son reexaminados a la luz de los eventos actuales o de los objetivos futuros, y modificados según las necesidades. Por lo general parecen tallados en piedra. Las personas vienen y van, pero las reglas estúpidas se perpetúan para siempre. Modificar o mover estos lastres requiere una cuidadosa combinación de vaselina y dinamita.

Reglas para el cambio en los equipos

Por este medio decretamos doce reglas clave para reducir la resistencia y despejar el camino que conduce al cambio efectivo en los equipos:

1. Planifique el cambio.

2. Consiga la participación de otras personas en el proceso de cambio; obtenga el acuerdo y el compromiso de todos los interesados.

3. Comunique, comunique, comunique.

4. Genere expectativas sobre los resultados.

5. Cree redes de influencia y de apoyo.

6. Obtenga los recursos adecuados.

7. Genere un apoyo importante para crear y mantener el ímpetu.

8. Acompañe el proceso.

9. Persista y prepárese a pagar el precio del cambio: *los errores.*

10. Refuerce desde un principio y con frecuencia.

11. Procure que los procesos y técnicas se mantengan simples.

12. Muestre el camino.

Examinemos una regla por vez y expliquemos por qué todas forman parte del mandato imperial.

= *Planifique el cambio.* Planificamos el cambio para ejercer cierto nivel de influencia sobre él. Queremos tener la última palabra respecto de *adónde nos dirigimos* y *en qué vamos a convertirnos.* Estas son las preguntas que deben formularse los miembros de un equipo mientras planifican un cambio:

- ¿Cuáles son los objetivos y estrategias?
- ¿Cómo se vinculan con la visión/misión general?
- ¿Qué recursos necesitaremos (humanos, monetarios, etc.)?
- ¿Cuál es nuestro programa de aplicación?
- ¿Quién debería participar en la formulación del plan? ¿Cómo? ¿Cuándo?
- ¿Cuál es la consecuencia de cada etapa de cambio?
- ¿Cómo sabremos que hemos tenido éxito? ¿Podemos dar ejemplos de los resultados deseados?
- ¿Cuándo estará completa cada etapa de cambio?
- ¿Qué estrategias alternativas podremos aplicar si falla el "Plan A"?

- ¿Cómo nos manejaremos con los eventos inesperados?
- ¿Sobre quién debemos influir?
- ¿Quién participará del plan de cambio/aplicación? ¿Cómo? ¿Cuándo?
- ¿A qué otras personas necesitaremos incorporar?

Como puede ver, para planificar es necesario reunir gran cantidad de información de mucha gente. El proceso de reunir estos datos tiene tres efectos sobre los miembros de su equipo: los obliga a participar; genera expectativas de cambio; y aumenta su confianza en el proceso porque lo ven desarrollarse.

El problema es que, una vez iniciado este proceso de planificación, todos empiezan a esperar con impaciencia el momento de ver los resultados tangibles. Esto incrementa el estrés, por lo que una comunicación continua se vuelve fundamental al llegar a este punto.

= *Obtenga el acuerdo y el compromiso de todos los interesados.* Por lo general, la gente no se resiste a un cambio *positivo*. Nos *gusta* ganar la lotería. Lo que nos asusta es el cambio negativo: tener que ahuyentar a una banda de mandriles o tener que aprender chino en un elevador que cae en picada.

Para reducir la resistencia, trate de sacar el cambio de las sombras de la negatividad y exponerlo a la luz del día. Aliente a los miembros del equipo para que participen como socios del cambio, y recompénselos cuando lo hagan. La resistencia cederá para dar paso a la disposición y el compromiso. La participación puede ser activa, como en el caso de formular y responder las preguntas anteriores, o pasiva: sólo recibir una comunicación y un feedback continuos durante el proceso. Por ejemplo, traer problemas al grupo y solicitar sugerencias contribuye a superar muchas expectativas negativas sobre el cambio.

No obstante, el aspecto más importante de la participación es *orientar a la gente hacia el futuro*, ayudarlos a anticipar y aceptar con entusiasmo los resultados por venir. Determine quiénes son los interesados en cualquier cambio, y trate de alcanzar un acuerdo sobre cuáles serían los efectos deseados.

¿Cuál será el aspecto, el sabor y el olor del resultado? ¿Está bien así? Los caminos del cambio pueden tener muchos giros, bifurcaciones y rampas de salida. Al estimular a la gente para que *conduzca el vehículo del cambio* (determinando los mapas y las rampas de salida a usar), usted les genera un compromiso con los resultados. También les permite moverse *dentro de sus zonas de comodidad* para seguir impulsando el proceso. En otras palabras, hace que el cambio se convierta en algo propio.

= *Comunique, comunique, comunique.* Como los seres humanos son animales de costumbre, suelen asustarse un poco cuando alguien los orienta en una nueva dirección, incluso aunque se trate de un proceso que tiende a mejorar la situación.

¡Las sorpresas generan ansiedad!

Muchas veces la gente no se resiste tanto al *contenido del cambio* como al *proceso a través del cual se lo proporcionan.* Aunque el resultado del cambio sea positivo, las personas pueden mostrar resistencias si no se sienten comunicadas con él desde el principio. Un cambio efectivo *exige* una comunicación continua, antes, durante y después del proceso. Conviene anticipar y responder preguntas como las siguientes:

- Si ésta es nuestra visión, ¿cuáles serán nuestros planes para llegar?

- ¿Qué factores comprende este proceso de cambio?
- ¿Quién participará y cómo?
- ¿Cuándo podemos esperar ver los resultados?
- ¿Cómo nos mantendremos informados de los avances?
- ¿Cómo me afecta todo esto en lo personal?

Utilice múltiples canales de comunicación para que los individuos estén actualizados, de modo que se sientan menos víctimas y más participantes del proceso de cambio. Ejemplos de canales que puede usar: boletines internos, notas en los sobres de pago, reuniones abiertas, comisiones ad hoc, redes informales, etc.

Una técnica es colocar grandes paneles en los pasillos, donde las personas puedan expresar sus opiniones y sentimientos. Esto proporciona un foro para manifestar preocupaciones, clarificar beneficios y proporcionar opiniones o soluciones alternativas. Si no le resulta práctico buscar la participación de todos los afectados, seleccione una muestra representativa –como un grupo especializado– y proporcione los medios para explicar *el alcance y los motivos* del cambio a todos los demás.

= *Genere expectativas sobre los resultados.* Las personas contamos con un interesante proceso interno que procura hacer coincidir lo que *realmente* vemos en nuestro entorno con lo que *esperamos* ver. Sólo escogemos las cosas que nos permiten cumplir con nuestras expectativas, y dejamos fuera el resto. Si usted genera una expectativa de cambio positiva, la gente se sentirá más segura cuando la transformación tenga lugar. También trabajará con más empeño para procurar que el cambio se realice, y para que *se parezca* al panorama esperado.

= *Cree redes de influencia y de apoyo.* Otro elemento del

cambio positivo son las redes de influencia y de apoyo. Es imposible crear un cambio efectivo en el vacío. Ya sean formales o informales, las redes proporcionan puntos de referencia y calman la ansiedad.

- ¿Nos dirigimos en la dirección indicada?
- ¿Qué modificaciones debemos hacer en términos de personas, procesos, estructuras, recursos, programas, resultados, compromiso, etc.?
- ¿Alguien está preocupado por los avances del cambio o la orientación que estamos tomando?

Por lo general, el cambio hace que se encoja nuestra zona de comodidad. Pero usted puede contrarrestar esta reducción si amplía la red de apoyo y estimula su uso frecuente. El apoyo puede provenir de muchas fuentes (jefes, compañeros, mentores, subordinados, socios, grupos multifuncionales, etc.) Cuantos más sean, mejor.

Las redes de apoyo no sólo sirven para calmar la ansiedad. Pueden ser usadas como *centros de influencia* para producir los cambios. Es aquí donde, estratégicamente ubicados, los *estrategas del cambio* pueden marcar una verdadera diferencia. Estos agentes son personas influyentes –formales o informales– que *abogan por el cambio* dentro de su organización. Son ellos quienes allanan el camino dentro de su propio círculo de influencia.

Además, lograr que los *formadores de opinión* estén de su lado facilita la tarea de convencer a más personas en un lapso más breve. En definitiva, estas personas contribuirán de todos modos a generar o a impedir cualquier cambio significativo, así que, ¿por qué no hacerlas participar activamente desde un principio?

= *Obtenga los recursos adecuados.* Pida los recursos humanos y el capital necesarios para crear y mantener cualquier cambio positivo. Es posible que no los obtenga, pero lo habrá intentado. Siempre se consiguen más cosas solicitando que callando. De todos modos, si le niegan su pedido, al menos sabrá por qué, y esto constituirá una buena información para la próxima vez que decida solicitar algo.

= *Genere un apoyo importante para crear y mantener el ímpetu.* Calcule la cantidad de personas necesarias para llevar a cabo con éxito su proceso de cambio. Tendrá que contar con una base importante, con la unanimidad del equipo y un número interesante de partidarios, defensores y amigos de afuera. Cuando el cambio empiece a producirse, utilice ese impulso para alcanzar un efecto más amplio y duradero.

= *Acompañe el proceso.* Los planes mejor trazados pueden irse por el desagüe si usted no controla cualquier proceso de cambio. Tanto la realización como los resultados deben ser considerados más como una función de acompañamiento que de vigilancia.

Muchas personas tienen hábitos o intereses que se interponen en su posibilidad de cambiar. Este proceso de acompañamiento le permitirá identificar las barreras personales o laborales, y conversar sobre las distintas maneras de abordarlas. Su intervención puede tener lugar en momentos predeterminados (una vez por semana, por mes, por trimestre, etc.) o cuando la gente alcanza cierta etapa en el proceso de cambio (por ejemplo cuando están a punto de instalarse los teléfonos).

= *Prepárese a pagar el precio del cambio: los errores.* Cambio implica riesgo. Y el riesgo implica errores. El miedo al castigo reduce la disposición a correr los riesgos necesarios para hacer que el cambio funcione. Hace poco, el CEO de una compañía manufacturera internacional nos señaló esto y nos relató una historia ocurrida dentro de su organización. Varios miembros del departamento de ingeniería fueron a verlo con una idea para "mejorar" el proceso de fabricación de cierto componente. Para ello se necesitaba una nueva tecnología y un proceso diferente. Era un poco costoso, pero estaban seguros de que a la larga traería beneficios.

Cuando les fue delegada la responsabilidad y la autoridad para tomar una decisión, pusieron en práctica la idea. Fue un gran fracaso. Varias semanas después, el CEO llamó a los ingenieros a su despacho; éstos pensaron que iban a ser castigados por el fracaso. Para su sorpresa, el CEO los esperaba con globos y pasteles. Atónitos, los ingenieros le pidieron una explicación.

Él les respondió que sólo porque el resultado no había sido el esperado, no significaba que se hubiesen equivocado en su decisión. El único fracaso hubiera sido *no intentar* un método nuevo y diferente, porque según su opinión, la innovación sería el sello de todos sus éxitos futuros.

El fracaso fue un golpe a corto plazo para la compañía, pero a la larga rindió beneficios en términos de creatividad y buena disposición para el cambio.

= *Refuerce desde un principio y con frecuencia.* Al ser animales de costumbre, nos resulta imposible abandonar por completo los "viejos hábitos" de la noche a la mañana. El cambio moviliza a personas y organizaciones hacia los resultados buscados... pero lo hace lentamente, en forma gradual.

Lo que mantiene el proceso de cambio aceitado y en una dirección consistente es el *refuerzo positivo*. Una palabra de reconocimiento, un agradecimiento formal, una palmada en la espalda, todo esto sirve como refuerzo y motiva a los individuos.

El refuerzo no necesita esperar a que los resultados estén terminados. Lo ideal es que integren el proceso y que premien *los avances hacia el objetivo*. Si esto se incorpora desde un principio, se genera el impulso necesario para alcanzar los resultados buscados.

= *Procure que las técnicas sean simples.* Está de moda decir que los problemas complejos requieren soluciones complejas. Es posible. Pero las soluciones que revolucionan a un equipo, que alejan demasiado a la gente de sus zonas de comodidad o que son demasiado técnicas, generan una gran resistencia. Como cuando se trata de comerse a un elefante, los cambios complejos deben realizarse de a un bocado por vez.

= *Muestre el camino.* Finalmente, la importancia del liderazgo para el cambio positivo no puede exagerarse. La buena conducción es un imperativo para el cambio efectivo en las organizaciones. Ya mencionamos la función de acompañamiento del liderazgo. Existen varios otros requisitos, dos de los cuales son visión y una senda clara. La visión proporciona el sueño del futuro, el aspecto que tendrá su organización al final del camino.

Es importante tener un sendero claro para saber cómo llegar desde aquí hasta allí, así como el efecto que tendrán los cambios en las personas, procesos y estructuras implicados. Si usted proporciona una manera de determinar el sendero hacia el futuro, su gente contará con un salvavidas del cual sujetarse durante los tiempos de incertidumbre.

En el liderazgo, las claves para lograr resultados positivos incluyen actitudes, análisis y acción. Una de las flechas más filosas en su aljaba es la actitud hacia la innovación y el cambio; son los líderes quienes montan el escenario e infunden energía a los demás.

Crear una expectativa de cambio como *norma* para todos los empleados (en especial los nuevos) permite que la transición sea vista como parte del proceso cotidiano de la empresa. Por ejemplo, algunas compañías han instituido la norma de tener un alto porcentaje de productos realizados con tecnologías que no cuentan con más de cinco años. Esta estipulación genera un ambiente de mejora continua, y protege contra los malos hábitos, como ocurre con las operaciones que generan beneficios pero no estimulan el crecimiento.

Luego, un análisis y un feedback permanentes mantienen a la gente en el camino indicado. Por fin, cuando los líderes asumen la responsabilidad por las pequeñas medidas, toda la organización se agudiza más.

Influir sobre el cambio

El énfasis puesto en este capítulo sobre el cambio puede hacerle pensar que éste en sí es el objetivo de lo equipos. No lo es. Ya sea para bien o para mal, el cambio es el entorno dentro del cual trabajan los equipos. La mejora en objetivos, procesos y resultados, proviene de una administración competente del cambio. Existen varias herramientas que podemos recomendar para influir efectivamente sobre el cambio.

= *Foros de acción*. Como parte de la mayor comunicación requerida durante tiempos de cambio, los grupos de individuos afectados por la situación se reúnen en *foros de acción*. Estos grupos recorren un proceso de descubrimiento y negociación donde analizan el efecto del cambio sobre cada individuo, cómo minimizar cualquier consecuencia negativa, qué obstáculos deberán superarse y cómo pueden contribuir a volver realidad el cambio.

= *Proyectos piloto.* En ocasiones es necesaria una prueba para averiguar cuál será el impacto del cambio. Antes de lanzar el cambio a gran escala, los grupos pequeños de personas entusiastas proporcionan una instantánea barata y de bajo riesgo sobre lo que puede ocurrir.

= *Situaciones posibles.* Una de las claves para el cambio es *el análisis y la acción persistentes.* Su proyecto piloto puede estar en el camino del éxito, ¿pero cómo hará para controlar y adaptar sus estrategias de cambio cuando aparezcan variables imprevistas?

Muchos equipos planifican situaciones de éxito. Pocos piensan en los fracasos. ¿Pero qué ocurriría si se reducen los recursos? ¿Y si otra compañía supera a la suya con la misma clase de producto en que su equipo está trabajando? ¿Qué pasaría si los miembros del grupo son trasladados, renuncian, o no están en condiciones de contribuir? ¿O si hay un cambio repentino en el mercado, y los planes actuales se vuelven obsoletos de la noche a la mañana?

No es muy divertido pensar en estas cosas. Insistir en los aspectos negativos sólo sirve para erosionar la confianza del equipo. Pero la mayoría de las situaciones posibles no son catastróficas. Su equipo debería tener preparada una respuesta para diversas posibilidades. La imaginación para anticiparse a los hechos es un arma importante en el arsenal del equipo.

Esquive los baches

El camino hacia el cambio efectivo está plagado de baches, y cualquiera de ellos puede acabar con sus esfuerzos por alcanzar los objetivos. Para que su organización y las personas que la integran obtengan resultados positivos y logren una "ventaja", es importante *realizar bien el cambio.*

Considere la posibilidad de seguir las 12 reglas para el cambio, de modo de alcanzar el compromiso, el ímpetu y el éxito que merece su organización. Todo su equipo se lo agradecerá.

Parte cuatro

Mitos

sobre los equipos

CAPÍTULO 17

EL MITO SOBRE "EL APRENDIZAJE DE LA AVENTURA"
¡Sujétalo bien!

Rayos de luz asoman sobre la cima de la montaña, iluminando el cielo azul. Cristina se detiene de frente a la luz, en un promontorio rocoso de 20 metros de altura, asomado sobre una garganta que desciende otros 150 metros hasta un arroyo sinuoso que atraviesa un cañón. Caer implica la muerte inmediata.

Mientras saluda la mañana, con la brisa soplando entre sus cabellos, Cristina levanta los brazos, se bambolea y cae suavemente hacia atrás... en los brazos de doce integrantes del equipo, que aguardan un poco más abajo.

Entonces el grupo se dirige al lugar de su próxima aventura, un poste al que Cristina debe ascender para superar sus temores. Sus doce compañeros de equipo la estarán sujetando con cuerdas todo el tiempo. Al terminar el día, todos los que hayan subido recibirán como premio un carabinero de adorno que podrán usar como pisapapeles en la oficina, y que les ayudará a recordar las importantes lecciones aprendidas en las ventosas laderas del Monte Cooperación.

Bienvenidos al mundo palpitante y escalofriante del aprendizaje de la aventura.

El aprendizaje de la aventura es un evento grupal donde un equipo es llevado a realizar una serie de tareas difíciles, tanto en lo físico como en lo mental. Con frecuencia tiene lugar al aire libre, en un escenario idílico como un retiro en las montañas, una casa campestre o un parque. Es conducido por un facilitador, y se basa en las lecciones psicológicas aprendidas en los años '70 con Carl Rogers, quien formaba grupos semejantes con docentes.

En ese entonces se descubrió que las personas podían experimentar progresos sensacionales en su conducta si se las impulsaba a hacer cosas que normalmente no hacían, con el resto del grupo actuando a modo de apoyo. El ejemplo clásico son las "Caídas confiadas". En este ejercicio una persona se sube sobre la mesa con los ojos vendados, y luego se deja caer hacia atrás para ser atajada por los otros miembros del grupo. En manifestaciones más complejas, puede incluir ascensos por lugares rocosos, escalamiento de postes, cruces de puentes de sogas y deslizamiento por cables con poleas.

Existen dos grados básicos del aprendizaje de aventuras: de alto y de bajo riesgo. El primero incluye cierto nivel de peligro físico real: sus compañeros podrían decidir no sujetarlo, y usted caería de la montaña.

Los ejercicios de bajo riesgo no implican prácticamente ningún peligro. Es aprendizaje de aventuras con bajo presupuesto. Por lo general se trata de una serie de ejercicios físicos al aire libre, los cuales pueden realizarse en un parque o un patio. En general empiezan con algo como "El nudo del druida". Los miembros del equipo forman un círculo y entonces, de a uno por vez, juntan su mano derecha con la de alguna otra persona del círculo. Luego hacen lo mismo con la izquierda. De pronto todos están apretados unos contra otros, y el objetivo es deshacer el nudo sin soltarse.

Por lo general, las personas empeñadas en encontrar la solución terminan realizando dolorosas contorsiones. Al fin todos logran desenredarse y forman un círculo grande, mucho más grande que el original. De un nudo a un círculo; de la confusión al orden... ¿entiende?

Hay veces en que el grupo simplemente no encuentra cómo desanudarse sin que algunas personas se suelten. Cuando esto pasa, los que se separan se vuelven "ciegos". Deben cerrar los ojos y, a partir de ese momento, son guiados por los demás... ¡incluso durante el siguiente ejercicio! Se considera que esto contribuye a formar una buena conducta de equipo: los que poseen la información asisten a los que no la tienen.

(Algunos "líderes" ofrecen como voluntarios *a otros* a modo de sacrificio por el bien del equipo. "Igor, ahora ve tú." Un equipo óptimo no ordena a sus miembros que mueran por él; ni siquiera piden voluntarios.)

El siguiente ejercicio puede ser el de "La telaraña". Esto se hace al aire libre. Se cuelga una soga muy larga de un árbol y luego, mediante una serie de lazadas, se forma una telaraña gigantesca y semicircular. Los ramales de la soga forman unas 20 "ventanas", algo así como las zonas sobre un blanco. El equipo entonces tiene que hacer pasar a cada uno de sus miembros a través de las ventanas sin tocar la soga. Dos reglas adicionales lo vuelven más difícil: ninguna ventana puede ser usada más de una vez, y algunos de los jugadores estarán "cegados" del ejercicio anterior, con lo cual habrá que ayudarlos a pasar. Si uno toca la tela, queda ciego.

Otro más: "Río ácido". El equipo debe cruzar un torrentoso e imaginario río de ácido. Cuenta con doce bloques de carbón y tres o cuarto tablones de 4x4. Usando estos últimos, pueden construir puentes de un bloque al otro; pero no hay suficientes tablones como para cruzar todo el ancho, por lo cual deben ser cuidadosamente trasladados para que pase cada persona, pequeño grupo o equipo completo. Aquí también se heredan varias personas "ciegas" del ejercicio anterior, y cualquiera que caiga de las tablas pierde la vista.

(Hemos visto ejercicios donde para el final, todos estaban ciegos. Es un espectáculo muy patético el de estas personas maduras manoteando para encontrar un tablón que está frente a ellos, los ciegos guiando a otros ciegos hasta llegar a la orilla. Es patético y también maravilloso, por momentos.)

Antes que nada, estos juegos son muy divertidos. Por lo general, en los equipos nuevos las personas están bastante tensas y formales unas con otras. Nunca se han encontrado fuera de la situación laboral. Estos juegos contribuyen a romper el hielo y permiten que la gente se relacione físicamente entre sí.

Entre las lecciones que se aprenden podemos incluir la superación del miedo y la desconfianza, así como el poder sinérgico del grupo que trabaja para apoyar al individuo. Los participantes quedan fascinados con la experiencia. Dicen que les ha permitido hacer cosas que jamás habían podido hacer, que ha cambiado sus vidas. Después hay muchos abrazos; todos están exultantes y se preguntan por qué no lo practicaron años atrás.

La gente sale en estado de éxtasis, segura de que las lecciones se traducirán en algo maravilloso una vez que vuelvan a la oficina.

Pero... cuando el equipo enrolla sus sogas, empaca sus carabineros y vuelve a la ciudad, ¿es un equipo mejor?

En nuestra experiencia, no. Las personas pueden volverse más amigables. Es posible que se conozcan mejor, fuera del ambiente laboral. Tal vez alberguen sentimientos cálidos unos por otros... lo cual es bueno. Quizá vuelvan con mejores intenciones de trabajar unidos... lo cual también es bueno.

Pero no constituirán un equipo más eficiente porque los ejercicios de alpinismo o de sogas no están directamente relacionados con la formación de equipos. No fueron pensados con la intención de mejorar el trabajo en equipo, sino para explorar las diversas dimensiones del desarrollo personal. Son fantásticos para lograr progresos personales con los propios demonios y miedos. Y sí, son muy útiles para mejorar la actitud personal en los grupos, y para permitirse confiar en los demás.

Pero los equipos no fracasan porque las personas tengan miedos y fobias, o porque –en un sentido amplio y genérico– sean incapaces de "confiar". Los equipos fracasan porque sus miembros están confusos respecto de los roles que deben cumplir. La gente no sabe cuál es su misión, ni si posee o no la autoridad para hacer lo que fuera que considere necesario.

Todo este asunto de los carabineros y las poleas es muy divertido, personalmente es estimulante, pero es inútil. Las firmas que venden este sistema para realizar una exploración personal brindan un servicio que vale el precio que cobran, pero las que aseguran que a través de la aventura se mejoran los equipos lo están engañando.

¿Conoce los carabineros pisapapeles que se obtienen cuando uno realiza bien un ejercicio de alto riesgo? Conocemos a alguien que tiene tres sobre su anaquel. La última vez que la vimos, iba a escalar una montaña en busca del cuarto. "Es una experiencia muy fuerte", dice.

¿Y entonces por qué su equipo tiene que seguir yendo? "Bueno, tenemos problemas."

CAPÍTULO 18

EL MITO SOBRE EL TIPO DE PERSONALIDAD

¡Lo que importa es lo de afuera!

Podemos resumir este capítulo diciendo que todo lo que acabamos de examinar sobre aprendizaje de aventuras y formación de equipos también vale para el Inventario de Tipos de Myers-Briggs.

El aprendizaje de aventuras usaba el alpinismo y otras experiencias al aire libre para que los miembros de un equipo descubriesen nuevas dimensiones sobre sí mismos. Las categorías de personalidades de Myers-Briggs también pueden proporcionar a los integrantes percepciones nuevas y estimulantes sobre sí mismos, junto con una colección de iniciales que explican la clase de personas que son. Para los entusiastas, el instrumento de Myers-Briggs es más que una hoja de papel; se convierte en el principio organizador de sus vidas.

La tipología está basada en la idea de que existen muchos "arquetipos" de personas, que pueden ser probados y definidos, y que el hecho de conocer nuestro tipo nos permite abordar problemas tan prácticos como el desarrollo del liderazgo, las decisiones profesionales y la buena relación con los demás.

Basada en las ideas del psicoanalista pionero C. G. Jung, la tipología sostiene que las personas pueden dividirse en dos grupos de percepción o *input* (detectores e intuitivos) y dos grupos de evaluación o procesamiento, *output* (pensadores y sensitivos). Conocer la propia ubicación en-

tre los extremos nos ayuda a tomar decisiones profesionales, delegar tareas que nos superan, contratar personas,
asignar tareas y trabajar para fortalecer las flaquezas.

INTROVERTIDO/ EXTROVERTIDO	PENSAMIENTO/ SENTIMIENTO
DETECCIÓN/ INTUICIÓN	PERCEPCIÓN/ EVALUACIÓN

Según Jung, las personas se diferencian en sus distintas maneras de enfrentar el mundo. Hablando en términos generales, intuimos o detectamos a medida que percibimos el mundo y aprendemos sobre él. Los del tipo intui-
tivo captan la verdad de una situación en forma inmediata. Son los seres misteriosos que nunca toman apuntes en
clase, los que adivinan el éxito... futuristas e imaginativos.
Por el contrario, los del tipo detector van acercándose a la
comprensión de una manera concreta, paso a paso, aquí y
ahora.

Además de estas dos categorías de percepción, también pertenecemos a otras dos que están relacionadas con
la capacidad de decisión. Los que evalúan rápidamente
una situación son llamados sensitivos: su lado fuerte es el
sentimiento. Los más lentos para evaluar son llamados
pensadores: sus lados fuertes son la lógica y el método.

Por encima de estos rasgos están las categorías introvertido y extrovertido. Mediante la ubicación en este continuo, se puede suponer cuál de las características anteriores se es propenso a revelar ante los demás.

La clase de percepción que uno prefiere naturalmen-
te, ya sea a través de la detección o de la intuición, suele relacionarse con la clase de evaluación que preferimos, ya

sea por el pensamiento o por el sentimiento. El resultado total es un conjunto de dieciséis tipos de personalidad que se combinan con las ocho categorías posibles de Myers-Briggs.

Según la teoría, todos tenemos dos aspectos dominantes y dos recesivos. En realidad, la psicología de tipos nos divide en docenas de características más, con montones de guiones y paréntesis, superiores e inferiores, luchando desesperadamente para convertirnos en estereotipos incluso de nuestra complejidad.

¿Por qué incluimos la tipología en nuestros mitos sobre los equipos? Porque, como ocurre con el aprendizaje de aventuras, la tipología no tiene prácticamente nada que ver con los equipos. No es que las personalidades carezcan de importancia. En nuestro capítulo sobre diferencias de conducta hemos dicho que las personalidades son muy distintas entre sí, y que cuando chocan en el trabajo o en el equipo, aparecen los problemas.

Pero el Inventario de Tipos de Myers-Briggs no evalúa nada que tenga importancia para los equipos. Éstos no triunfan o fracasan en base a lo que hay en lo más profundo de la gente (ya sea real o percibido). Su éxito o su ruina depende de lo que realmente hacen, de la forma en que se comportan las personas hacia afuera.

Conducta, sí; tipología, no.

El supuesto falso de Myers-Briggs es que la personalidad se revela fidedigna y coherentemente en las conductas externas. No es verdad. Existen demasiadas experiencias vitales confusas que modifican nuestra forma de comportarnos. Además, una gran parte de nuestra población se engaña a sí misma en cuanto al modo en que la ven los demás. Estas personas se dicen "¡Yo soy un introvertido!" Es posible que se paseen por el vecindario gritando "¡Soy introvertido!" con un megáfono. Pero se equivocan (los introvertidos no hacen eso).

Lo único importante para los equipos es lo que usted hace, en términos reales, y tal como es visto por la mirada de sus compañeros. Lo que es en su interior, es asunto suyo.

Un sabio lo expresó de esta manera: si alguien te llama caballo, bueno, sólo fue una persona. Si dos te llaman caballo, bueno, es posible que exista una conspiración para endilgarte el mote de caballo. Pero si tres personas te llaman caballo, será mejor que inviertas en comprar una silla de montar.

Usted podrá determinar mejor qué clase de caballo es pidiendo feedback sobre su conducta a los miembros del equipo que llenando el cuestionario ITMB.

CAPÍTULO 19

EL MITO DE QUE A LAS PERSONAS LES GUSTA TRABAJAR JUNTAS

¡Uf!

Supongamos que acaba de participar en un seminario para equipos o de leer uno de los excelentes libros sobre equipos felices que abundan en las librerías. Está emocionado sobre el potencial que ha encontrado allí, y decide "formar un equipo" con sus colegas. Usted piensa: para hacerlo, tendremos que vivir, comer, respirar y practicar abluciones diarias *como equipo*. Derriba los tabiques que dividen la oficina, junta a todos, se sienta cómodamente y espera esos inevitables resultados de alto desempeño.

Y espera. Y espera.

Puede esperar hasta que los sapos críen cola, pero el alto desempeño no llega. La razón es que... ¡sorpresa!, a la gente no le gusta que la amontonen en un espacio.

Empezamos este libro con la nostálgica observación de que, en lo profundo, la mayoría de las personas alberga la verdadera necesidad de trabajar unida. Ésta es una verdad general. Pero normalmente no nos gusta andar atados con grilletes en los tobillos. Eso no es un equipo, es una pandilla con cadenas.

Las personas necesitan contar con su espacio para sentirse tranquilas y seguras. Pasar todo el día en un corralito con los compañeros de equipo se parece menos a una receta para el buen desempeño que a un drama francés sobre el aburrimiento existencial.

Entre los mejores grupos que hemos visitado, algunos

no parecen "un equipo" a primera vista. En una importante empresa de ingeniería, las oficinas de los integrantes de los equipos son pequeñas, silenciosas, con poca luz y con dos escritorios separados. Los ingenieros que trabajan allí están en contacto constante, compartiendo la información, pero no se respiran en la nuca.

Al diseñar un ambiente para equipos, no espere que las personas ansíen mantener un contacto constante unas con otras. Respete su renuencia a perder la identidad individual por el equipo. La línea divisoria es muy delgada. Todos deben poder acceder a los demás en forma instantánea. No pueden existir obstáculos para la comunicación. Pero también necesitan su privacidad.

Tenga conciencia de que el ambiente es importante. Averigüe qué funciona. Lo más probable es que esté a mitad de camino entre la azotea y el retrete.

CAPÍTULO 20

EL MITO DE QUE EL TRABAJO EN EQUIPO ES MÁS PRODUCTIVO QUE EL TRABAJO INDIVIDUAL

¡El equipo! ¡El equipo!

Los equipos son fantásticos, pero no sirven para cualquier cosa.

El gran pecado en esta era de equipos es que la gente se entusiasma tanto con la idea, que procura utilizarla para todo. Un trabajo realizado por un equipo es mejor que un trabajo realizado por un solo individuo. Tienes toda esa sinergía en funcionamiento, ya sabes, toda esa información compartida... sí...

La verdad es que, en términos de eficiencia, los equipos son inherentemente inferiores a los individuos. Si una sola persona posee la suficiente información como para realizar una tarea, superará ampliamente a un equipo al cual se le ha asignado la misma misión. No existen malentendidos ni culturas antagónicas. No hay conflictos de personalidad.

Tenga cuidado. El trabajo en equipo puede ser perjudicial. En ocasiones, los directivos prefieren este método porque distribuye responsabilidades y dificulta la tarea de asignar culpas. Algunas veces implica un presupuesto más alto para viajes y entretenimientos. O permite formar un grupo con los amigos.

Lo más triste que escuchamos es: "Nos dijeron que teníamos que hacerlo todo como equipo". El CEO está feliz con los equipos, así que a menos que usted integre uno se convertirá en un paria dentro de su organización. Lo triste es que lo escuchamos con frecuencia. Formar equipos por obligación es aplicar mal el entusiasmo. Es una tiranía, y la gente se siente agraviada por ello.

CAPÍTULO 21

EL MITO DE QUE "CUANTOS MÁS SEAMOS, MEJOR"

¡Hagamos la ola!

Algunas personas piensan que cuanto mayor sea el equipo, mejor. Se equivocan.

En algunas compañías existe la tendencia a ver a toda la organización como a un equipo. Ésta es una expresión interesante, pero no resulta muy útil. Por su misma naturaleza, los equipos no pueden ser grandes. En algún momento dejan de ser equipos y se convierten en pandillas.

El tamaño de un equipo es importante. Los pequeños son mucho mejores que los grandes. Un equipo puede ser autodirigido, conducido por un líder, formal o ad hoc, pero no puede ser superpoblado.

Una unidad estratégica empresaria no suele ser un equipo. Puede estar formada por veinte personas o por varios cientos, cumplirán funciones múltiples y se referirán a sí mismos como equipos: "¡Tenemos el espíritu de equipo de la Unidad A de Inyección, Moldeado y Eyección de Eastman Kodak!" En realidad, lo que constituyen es una red integrada de equipos.

En cierta ocasión Harvey fue convocado por una de estas unidades. Cuando ingresó en la sala, vio a 74 personas sentadas en sillas, formando unas ocho filas. Harvey inspiró profundo.

"Muy bien", dijo, "¿quiénes integran el equipo?" Las setenta y cuatro manos se levantaron.

"Ajá. Y si algo sale mal, ¿cuántos de ustedes estarán en problemas?" Esta vez sólo se levantaron siete manos.

"Muy bien. Ustedes forman el equipo. El resto son auxiliares. Váyanse a casa."

Por su parte, Mike estaba escribiendo un libro sobre el Premio Nacional a la Calidad Malcolm Baldrige, y tuvo ocasión de recorrer IBM Rochester, que había sumado una enorme cantidad de puntos en la calificación Baldrige por su orientación hacia los equipos. Según había dicho el jefe de la planta, existían más de 10.000 equipos en las modestas instalaciones de Minnesota.

Por lo tanto Mike condujo hasta Rochester seguro de que encontraría innumerables pasillos con salas llenas de equipos reunidos. Una ciudad de equipos. Pero después de tres horas de dar vueltas, no vio un solo "equipo". La definición que IBM hacía de los mismos era rígida como una ameba. Cada vez que dos personas se juntaban a trabajar de manera más o menos regular, durante una semana o un año, oficial o extraoficialmente, se decía que formaban un equipo.

En ocasiones los equipos pueden parecer más grandes de lo que son debido a los auxiliares y al personal de recursos. Entre éstos están:

- los miembros principales: el verdadero equipo; las personas dedicadas un 100 por ciento a la tarea del grupo;
- los miembros que actúan como recursos: como las gaviotas, dejan caer su carga y se marchan;
- el personal de apoyo: personas que contribuyen con los miembros principales;
- el patrocinador del equipo: un directivo a quien se puede recurrir cuando el equipo necesita protección o dirección;
- el defensor del equipo: esta persona creó al equipo;
- facilitadores: personas de afuera que ayudan al grupo a mantenerse encarrilado.

Con esto no queremos decir que una unidad estratégica, un departamento o una división no puedan cultivar un "espíritu de equipo". En realidad hasta una corporación multinacional puede llamarse a sí misma de ese modo si así lo desea. Es una noción simpática que la enorme, galáctica General Motors sea simplemente "Equipo GM".

Pero...

Parte cinco

Dar vuelta

los equipos

CAPÍTULO 22

IMPULSAR A LOS EQUIPOS A TRAVÉS DE ETAPAS HACIA EL EXITO

Los equipos dan vueltas y vueltas

Allá por los años '70, el psicólogo B. W. Tuckman identificó cuatro etapas que, según consideraba, los equipos debían atravesar para alcanzar el éxito. Éstas son:

- **Formación:** cuando un grupo apenas aprende a relacionarse; un momento en que un mínimo de trabajo llega a realizarse.
- **Tempestad:** una época de tensas negociaciones de los términos bajo los cuales el equipo trabajará; una prueba de fuego.
- **Normativa:** un tiempo en el cual se aceptan los roles, se desarrolla el sentimiento de equipo y se comparte abiertamente la información.
- **Desempeño:** cuando al fin se alcanzan los niveles óptimos en productividad, calidad, toma de decisiones, adjudicación de recursos e interdependencia interpersonal.

Con o sin pruebas o sesiones especiales, todos los buenos equipos atraviesan estas cuatro etapas. En ocasiones, alguno tiene suerte y, debido a su combinación de personalidades o al tipo de liderazgo que emerge de sus miembros, el grupo pasa de Formación a Desempeño con un mínimo de esfuerzo. Pero ninguno avanza directamente del primero al último, sin pasar por los otros dos. Los conflictos y la adaptación son instancias críticas y difíciles, pero también son partes muy necesarias en el desarrollo del equipo.

Identificar en qué etapa se encuentra su equipo y hacerlo avanzar con un mínimo de resistencia son factores importantes que distinguen a los grandes equipos de los disfuncionales.

La etapa de formación

La formación es esa etapa del desarrollo en que todo está disponible, cuando un equipo sólo es tal en el sentido más amplio de la palabra. El talento puede estar allí mismo frente a usted: buenos ingenieros, buenos planificadores, buena gente de producción, buen personal de finanzas. Pero como un sargento que inspecciona su nuevo pelotón el primer día de instrucción, nunca en toda su vida ha visto a un montón de individuos con tan poco aspecto de soldados.

Cuando era niño, ¿alguna vez tuvo que cambiar de escuela? ¿Recuerda cómo se sintió el primer día? Al caminar hacia la escuela sólo pensaba en hacer las cosas bien, como mamá y papá decían. No obstante, una vez que estaba sentado entre todos esos rostros nuevos, las cosas cambiaban. Lo único que importaba era ser aceptado por esos extraños. En el futuro próximo, ellos se convertirían en personas importantes para su vida, y usted quería agradarles.

Mientras tanto, esa abrumadora necesidad de congeniar chocaba con cierta resistencia a la adaptación. Nadie quiere levantar la bandera blanca, renunciar incondicionalmente a su identidad personal; todos queremos seguir siendo nosotros mismos aunque nos adecuemos a un grupo. Queremos "más información" sobre el lugar donde estamos. Queremos saber quién está al mando, y qué requerirá esa persona de nosotros.

Ocurre exactamente lo mismo con los equipos. Anhelamos zambullirnos, pero primero necesitamos saber lo fría que está el agua. Ésta es la actitud ambivalente con que nos unimos a un nuevo equipo. Una de las señales de que un equipo está en etapa de formación es la exagerada amabilidad: la gente se desvive por agradar, por no ofender, por no irritar a nadie. Todos tienen sus 15 segundos de presentación, y luego se sientan mirando a un lado y al otro con nerviosismo. Esto es comprensible si consideramos que los modales son instituidos para evitar que los desconocidos se atemoricen unos a otros; se supone que la mano extendida es un antiguo modo de demostrar que uno trae intenciones pacíficas para la relación, no una cachiporra.

En realidad, esta ansiedad por mostrarse inofensivo da la clave de lo amenazante que suele ser la etapa de formación: la gente se encuentra por primera vez con toda clase de preguntas, con dudas sobre sus propias capacidades y las de los demás, con prejuicios sobre las personas con quienes les tocará trabajar.

Entre estos sentimientos inquietantes, se busca ansiosamente algo, cualquier cosa, con tal de formar alianzas temporarias. Puede ser tan simple como fumar la misma marca de cigarrillos que otro, un sentido del humor similar o tener aproximadamente la misma altura. Cualquier cosa que dos o tres personas puedan usar para sentirse seguras dentro del grupo mayor. (La etapa de formación es el origen de la pandilla.)

Durante esta etapa, los posibles compañeros de equipo identifican similitudes y expectativas de resultados, se ponen de acuerdo sobre el objetivo del grupo e identifican recursos y aptitudes necesarios. Comienzan a conocerse, a evaluar los niveles de confianza y, en la medida de lo posible, a comunicar sus necesidades personales.

El desafío de la formación está en dar el puntapié inicial a un grupo de personas inertes, que prácticamente no se conocen. Para arrancar con un mínimo de dolor, éstas son algunas de las preguntas que deben responder:

- ¿Por qué se me pidió que participe en el equipo?
- ¿Quién tuvo la idea de formar el equipo?
- ¿Por qué se formó?
- ¿Quiénes son los otros miembros, y cuáles son sus virtudes?
- ¿Cómo les haré saber mis capacidades y características?
- ¿Cuán grande debe ser el equipo para lograr el objetivo rápidamente?
- ¿La pertenencia al equipo es voluntaria, u obligatoria?
- ¿Cómo y cuándo conseguiremos los recursos necesarios y nos libraremos de ellos cuando ya no los necesitemos?

La formación es un momento de gran peligro. Se reciben las primeras impresiones, y las mismas quedan selladas en hormigón. Las personalidades más agresivas procuran establecer su dominio. Se forman alianzas y contraalianzas. Se emiten señales incesantes, misteriosas incluso para los que las transmiten. Mientras la mayoría piensa *¿por qué estamos aquí?*, unos cuantos individuos pueden tratar de proporcionar las respuestas.

Aparte del tamaño y la configuración del equipo, hay otras cuestiones que deben resolverse desde un principio. ¿Quién es el "dueño" del equipo? ¿El management o uno mismo? Al hablar de propiedad nos referimos al compromiso. En general, un grupo nuevo no tiene muy claro su objetivo y por lo tanto no se siente muy dueño de lo que ocurre. En la formación, la propiedad es prácticamente de todo el management. Pero antes de completar el círculo, el equipo invertirá las proporciones y experimentará un compromiso tan fuerte como los principales directivos. Con el tiempo, el equipo debe pertenecer al equipo, no al management. Tampoco debe pertenecer a los grupos que representan sus miembros.

En una sesión de resolución de problemas, lo peor que un integrante puede decir es: "Llevaremos esto a la división y veremos lo que dice mi gente". Sí, así es como funciona el resto del mundo. "Suena" bien; parece responsable y político. Sirve para ganar tiempo. Ahorra la tarea de decir que no hoy. Pero no es así como operan los equipos efectivos. Sus miembros están autorizados a ejercer el poder; en caso contrario, no formarían parte del equipo. Si un miembro decide consultar cada decisión, probablemente sea hora de apretar el botón *EJECT* de su silla.

Una última consideración: ¿quién es un miembro y quién no? Hemos visto equipos luchando con el peso muerto de personas que preferirían estar pasando la aspiradora por el Desierto de Mohave antes que participar en el grupo. En algunos casos, se trataba de idiotas irreductibles. No obstante, muchas veces no era culpa de ellos; realmente estaban demasiado ocupados, o consideraban que el enfoque del equipo no era el apropiado. Pero tenían miedo de "soltarse" por las repercusiones que esto podía tener en sus carreras.

Los directivos deben ser muy, muy honestos –con el equipo y consigo mismos– y decir, en los términos más claros posibles: "Nadie que decida no participar en este equipo será castigado. No habrá recriminaciones ni consecuencias, no habrá juramentos de lealtad, listas negras ni degradaciones. Tenéis nuestro permiso para marcharos".

Uno de los principales peligros es que alguien del grupo quiera presionar demasiado rápido, saltar sobre las etapas de Tempestad y Normativa, y pasar directamente a Desempeño. Tal vez considere que no hay tiempo que perder y que se puede avanzar más rápido si se salta a la línea de llegada. Pero no existen atajos para el desarrollo de un equipo. Por ahora, la tarea más importante no es construir un cohete mejor, elaborar una versión beta de un nuevo software, o duplicar las ventas. El equipo sólo tiene que orientarse hacia sí mismo.

La etapa de tempestad

Se estima que tres quintos de la duración de cualquier proyecto en equipo, desde el principio hasta el fin, es dedicada a las dos primeras etapas, formación y tempestad. En la literatura alemana existe un estilo llamado *Sturm und Drang*, "tormenta y estrés", caracterizado por la exaltación de las sensibilidades individuales.

Lo mismo podría aplicarse a la tempestad como camino para la creación de un equipo. Llena de emociones individuales, conflictos grupales y cambios, esta etapa no es para los remilgados. Lo mejor que puede decirse de ella es que resulta necesaria, y que elimina los obstáculos del camino. Lo que un grupo no resuelve durante la tempestad suele volver para rondarlo más adelante, y probablemente atraiga al grupo –por más que grite y patee– hacia su propio ojo de tormenta.

Nunca ha existido un equipo que primero no fuese sometido a prueba en la fase de tempestad. Y esta etapa siempre llega por sorpresa, no importa lo mucho que uno se prepare para ella. Lo mejor que uno puede esperar es que no se prolongue en una guerra eterna que nadie puede ganar. Para impedir que esto ocurra, existen algunas pautas que pueden seguir los equipos que todavía están en formación: el liderazgo tiene una enorme importancia. Si usted es líder de un equipo nuevo y deja que la gente resuelva los conflictos por su cuenta, no está actuando como un buen líder.

Ese es el momento de intervenir, de explicar los límites, de ofrecer sugerencias y controlar la inevitable anarquía. Usted no quiere que la tempestad se extienda fuera de la oficina, avance por el comedor, irrumpa en las calles y corra, con las antorchas encendidas, en dirección a la Bastilla.

Durante la etapa de formación, el papel del líder era esencialmente directivo: señalaba la dirección que debía tomar la gente hasta que el grupo estuviese en condiciones de configurar su propio rumbo. Durante la tempestad, el líder continúa dirigiendo el tránsito, pero además ocupa el rol de instructor: la persona que no sólo indica qué hacer, sino que también sugiere los "cómo".

La instrucción es fundamental porque en esta etapa es donde se elaboran las dimensiones más importantes de un equipo: sus objetivos, sus roles, sus relaciones, los posibles obstáculos y los mecanismos de infraestructura necesarios para mantener la solidez a largo plazo.

El instructor está presente para ayudar, no para interferir. Es como si caminara sobre una cuerda floja, porque los ánimos pueden decaer permitiendo que surjan hostilidades, y en ese caso resulta fundamental contar con alguna clase de reacción. Los ataques solapados, la culpas y las observaciones despectivas son como veneno puro, no sólo para el individuo afectado sino también para la confianza general que permite al equipo funcionar como tal.

Cuando vea las primeras señales de veneno que suben a la superficie, ha llegado la hora de intervenir. Las personas tienen que trabajar para realizar su tarea; atormentarse unas a otras no sólo está mal, sino que no tiene nada que ver con la misión del equipo.

Al igual que en la etapa de formación, durante la tempestad existen preguntas que el grupo debe contestar para seguir avanzando.

- ¿Qué se supone que debemos lograr como equipo?
- ¿Cuáles son cada uno de nuestros roles y responsabilidades en relación a la obtención del objetivo?
- ¿De quién obtenemos la información, y a quién debemos transmitírsela para completar nuestro objetivo? ¿Dónde están nuestros vínculos con el mundo exterior?
- Si nos metemos en problemas, ¿a quién podemos acudir? ¿Quién aceptará la responsabilidad de patrocinar a este grupo y sus actividades?
- ¿Quién está al mando? ¿Eso cambiará de un día al otro, de una fase del proyecto a la siguiente? ¿Cómo nos adaptaremos al cambio de liderazgo?
- ¿Cómo arribaremos a las decisiones?
- ¿Qué ocurre cuando peleamos? ¿Cómo resolvemos las discrepancias sobre objetivos o procedimientos?
- ¿Cómo incrementamos nuestra capacidad para correr riesgos hasta llegar al nivel más directo y creativo?
- ¿Con qué contribuye cada uno para alcanzar el objetivo?
- ¿Cuándo nos reuniremos y cómo (grupos grandes, pequeños, de a dos, etc.)?
- ¿Cómo nos volveremos más accesibles unos para otros, de modo de completar nuestros objetivos a tiempo?
- ¿Quiénes son las personas que apoyan al equipo? ¿Quiénes son nuestros detractores?

Un equipo que logra responder estas preguntas en las primeras fases de la tempestad, reducirá el dolor de un proceso necesariamente difícil. Recuerde que esta etapa se prolonga hasta que todos los temas en discusión han sido resueltos. Esto no es tan difícil para los equipos formados por personas de mentalidad similar, por ejemplo cuando todos son ingenieros de diseño. Pero, por naturaleza, los equipos multifuncionales están formados por individuos muy diferentes.

Periódicamente, los líderes pueden verificar su propia situación. ¿Todavía son líderes, o se ha producido un golpe sin derramamiento de sangre? Con frecuencia los conductores son depuestos, aunque no exista animosidad. Si ocurre esto porque dentro del equipo hay otra persona más capacitada para conducir, acéptelo. Usted puede continuar su tarea como conducto para transmitir la información a los directivos superiores. Quizá descubra que ya no es necesario en el grupo, y que quiera enfrentar nuevos desafíos o simplemente irse a pescar.

En todo caso, estas cosas suelen ocurrir durante la tempestad. En estas circunstancias, lo peor que se puede hacer es ponerse a la defensiva. Nadie pretende insultarlo. El grupo que usted contribuyó a formar ha tomado su primera decisión.

Los líderes deberían comprender las señales de la tempestad. En este período hay grandes esperanzas mezcladas con fuertes dosis de miedo. Cada miembro se pregunta si es respetado por los demás. Algunos se mostrarán hostiles o intimidados. El pulso se acelera. La gente duerme menos. Surgen celos, peleas, competencia y polarización. Las alianzas que antes parecían sólidas se deshacen. Algunos individuos ofrecerán su cabeza por el bien del equipo, otros se resistirán a comprometer su individualidad, como si sus vidas dependieran de ello.

Los líderes deben tener conciencia de que, para ellos, esta etapa implica un alto precio personal. Se convierte en el blanco de las culpas: de pronto es responsable por los plazos que no se cumplen, por todas las insatisfacciones de la gente. Mientras los miembros buscan desesperadamente su identidad y orientación, los líderes son juzgados y en ocasiones amordazados.

Uno de los eventos más complejos en la vida de un equipo es la introducción de nuevos miembros. Supongamos que, después de seis meses, su grupo ha atravesado la fase de la tempestad. Lo último que usted desea es volver a esos días de antaño. Pero es lo que suele ocurrir cuando se inserta a alguien nuevo en un equipo establecido. Esa persona dice cosas como: "Pero allá no lo hacíamos así", o "Tenemos que hablar sobre algunos de estos procedimientos desde un principio".

Está en la naturaleza humana querer que los nuevos miembros se sientan bienvenidos y se adapten rápidamente al resto del grupo. Pero su insistencia para que todos vuelvan al primer casillero del juego debe ser resistida o reorientada. En caso necesario, lo mejor que se puede hacer es destinarles una semana para ponerlos al tanto sobre la historia del equipo y las decisiones que éste ha tomado.

Algunas personas dirán que es demasiado caro entrenar de forma tan exhaustiva a los nuevos integrantes, responder a todas sus preguntas, que "no serán capaces de absorber" toda la información de una vez. La respuesta es que resulta mucho más caro dejar al recién llegado con la cabeza llena de dudas: estas personas son como armas amartilladas que pueden dispararse en cualquier momento.

Otra alternativa es lo que llamamos "retroceso limitado", según la cual usted permite que el grupo regrese a la fase de tempestad para orientar a los nuevos individuos o trabajar en un problema que no ha sido resuelto, pero con la clara condición de que todo esté concluido en un plazo determinado. Es posible que deba tragar saliva antes de dar este paso, pero si el grupo muestra señales de que necesita reevaluar la situación, es imperativo.

En la etapa de tempestad, algunas personas suelen emplear tácticas obstructivas. Se presentan a trabajar y es posible que se comuniquen con los otros miembros, pero si los observa atentamente notará que no muestran ningún entusiasmo. En este caso, sólo existen dos alternativas sensatas: participan del equipo o se marchan.

Posiblemente, la peor consecuencia de esta etapa sea el retraso de semanas, o incluso de meses, que sufre la producción. Para el management, éste es el precio de la tempestad: tiempo perdido y proyectos parados. De alguna manera, es necesario impedir que este proceso caótico se transforme en una confusión permanente.

Para que el equipo funcione, es importante reducir al mínimo este doloroso período en su desarrollo. La mejor analogía que hemos escuchado sobre la tempestad es que es como la combustión interna. Si usted deposita una cucharada de gasolina en la acera, se dispersa rápidamente de manera bastante inofensiva. No obstante, comprimida en el cilindro de un motor, sus partículas vaporizadas empiezan a chocar unas con otras a velocidades supersónicas. Allí se produce una explosión controlada, y un vehículo que pesa miles de veces más que esa cucharada de combustible empieza a moverse.

Cuando ocurre esto, la tempestad ha pasado. Los roles se aclaran. Un estilo comienza a materializarse en el equipo. El sol aparece en el cielo, y despunta un día más sereno para todos.

La etapa de normativa

Con el fin de la tormenta llega un nuevo orden y una aceptación de los roles dentro del equipo. El éxito experimentado durante la etapa de normativa está marcado por las contradicciones: el grupo se fortalece a medida que los individuos abandonan sus defensas, reconocen sus fallas y piden ayuda a las personas indicadas.

La etapa de normativa está definida por la aceptación de los mismos roles que se gestaron en la tempestad. Las relaciones que se iniciaron como eventos superficiales durante la formación –coincidencia en la marca de cigarrillos, el mismo tipo de humor, etc.– tienen ocasión de profundizarse.

Y más aún, puede decirse que al fin el grupo se relaciona consigo mismo. Bajo la forma de bromas y conversaciones ingeniosas puede mostrar afecto y verdadera consideración por los individuos. Durante la normativa comienzan a disolverse los conflictos. Se afloja la tensión y muchos individuos asoman la cabeza, como las criaturas del bosque después de un chaparrón estival.

Lo que ocurre es que las intenciones ocultas como "Quiero conducir", "Quiero que me dejen tranquilo", "Me reservo el derecho a discrepar sobre cualquier tema en cualquier momento" han sido desenmascaradas o han perdido importancia. Al alcanzar un conocimiento más íntimo del grupo, las personas no tienen tanto interés en afirmar su dominio sobre el resto.

A medida que el grupo pierde su carácter de amenaza, los miembros individuales adoptan una actitud más relajada al respecto. Incluso los que todavía están conflictuados tienden a cuidarse, para no afectar el trabajo de los demás.

A medida que sus integrantes se vuelven más dóciles, el grupo gana en orientación y unanimidad. Se produce una dinámica espléndida, durante la cual las defensas de los individuos se utilizan para proteger al conjunto. Las flaquezas son reconstituidas como virtudes. La información se comparte libremente, y el equipo realiza verificaciones periódicas para recordar sus objetivos y tomar nota de los avances.

Durante la formación, los líderes eran fundamentales para poner en marcha al grupo. Durante la tempestad los líderes fueron las víctimas ofrecidas en sacrificio, a medida que los grupos luchaban por alcanzar el consenso a costa de sus conductores. Ahora, durante la normativa, el liderazgo formal empieza a palidecer, ya que los datos importantes no les pertenecen en exclusividad. En la próxima etapa, el desempeño, el liderazgo pasa a ser tarea de todos, y la interdependencia mutua se vuelve la orden del día. Por primera vez, puede decirse que el grupo es un verdadero equipo.

La etapa de desempeño

No hay garantía alguna de que su equipo logre llegar hasta la etapa de desempeño. Tal como decía Hamlet en uno de sus ensueños: "Ésta es una culminación que ha de desearse devotamente". En Estados Unidos, existen innumerables grupos que jamás emergen de la etapa de tempestad. Sus miembros continúan compitiendo o se ignoran unos a otros. Es posible que llamen "buen desempeño" a lo que hacen todos los días de 9 a 17, pero las cifras no cierran y tampoco el sentimiento.

El buen desempeño no tiene que ver con la "adicción al trabajo". En cierto sentido es lo opuesto, porque se trata de que cada miembro del equipo admita que no es capaz de hacer la tarea por su cuenta. Éste es un nivel de genuino compromiso con los objetivos de la compañía. Por el contrario, un adicto al trabajo es alguien que no descansa ni siquiera los fines de semana. Estas personas creen que son indispensables y que el resto del mundo está formado por imbéciles.

Los miembros más efectivos conocen el verdadero valor de las personas con quienes trabajan, y no siempre acceden si son llamados durante el fin de semana para resolver un problema apremiante. Buen desempeño significa estar en contacto con las propias necesidades, de modo de elaborar un programa de trabajo que asegure el éxito para los proyectos del equipo, sin por eso dejar de lado las propias prioridades.

Esta etapa es un momento de gran crecimiento personal de los miembros del equipo. Al compartir experiencias, sentimientos e ideas, se alcanza un nivel de conciencia que permite experimentar una intensa lealtad de todos hacia todos, aun los que no se consideran amigos, y una disposición a enfrentar casi cualquier desafío que surja.

En esta etapa se genera una gran intimidad. Con el desempeño, los miembros ingresan en una dimensión de comunicación que es menos retraída y temerosa. Las bromas pueden continuar, pero los pequeños misiles que nos disparamos unos a otros durante un día de trabajo suelen desaparecer. El humor refleja un grado menor de agresión y un mayor afecto por los demás. Intimidad significa comprender que un empleo no es sólo eso, que del contrato con los empleadores depende nuestro orgullo, nuestra posibilidad de ser felices y nuestra seguridad.

Intimidad implica reconocer que los requisitos de los demás son serios, y trabajar unidos para procurar que cada uno alcance el éxito con la ayuda del resto. Durante esta etapa los conflictos no se profundizan, aunque todo está más a la vista que nunca. Tal vez el buen funcionamiento de esta fase se deba precisamente a que todo se pone sobre la mesa y nada se oculta bajo la alfombra. Las discrepancias se enfrentan, se discuten y se resuelven.

Lo que durante la tempestad parecía destructivo, en la etapa del desempeño es saludable y positivo. Una vez que se ha resuelto la discusión, los miembros del equipo vuelven a su trabajo. Perder una discusión no parece tan importante. Todo se remite a "una pelea limpia y clara". El ambiente es de entusiasmo y de *esprit de corps*.

Y lo mejor de todo es que, aparte de esta dimensión de bienestar, el equipo obtiene grandes logros. Los plazos se cumplen, la producción supera el promedio y la velocidad de la información aumenta notablemente. La gente hace bien su trabajo, a tiempo y en una secuencia coordinada.

Y el rumor se difunde por la compañía, por la región: *Prestad atención al equipo de* [aquí va el nombre de su proyecto]*; creo que están haciendo cosas importantes.*

Cosas importantes, sí. Se llama trabajo en equipo.

CAPÍTULO 23

EQUIPOS Y TECNOLOGÍA

El equipo transnacional de las 24 horas

En los viejos tiempos –digamos, veinte años atrás– los procesos de equipo eran lentos pero simples. La gente trabajaba, comía y se divertía junta; era prácticamente una convivencia formada en su mayoría por varones.

Eso ya no existe. Algunas compañías se han vuelto internacionales, dispersando a sus equipos por distintas regiones e incluso continentes. Los ordenadores permiten que la gente trabaje en sus casas, con lo cual se ha dejado de ver a la oficina como un hogar. Las alianzas corporativas con socios estratégicos implican que posiblemente los miembros de un equipo ni siquiera trabajen para la misma compañía. El desplazamiento hacia la diversidad en los lugares de trabajo ha cambiado aún más las cosas. El equipo de la actualidad no podría ser más mezclado. Y la víctima más evidente de esta mezcla es la junta de los lunes por la mañana. Alberto todavía pertenece al equipo, pero se ha unido a Christine, Charlie, Abdul y Xiaoping, un subequipo de Suecia, y a otros miembros auxiliares en una docena de organizaciones asociadas, tres de las cuales son de Singapur.

Están esparcidos por toda la faz del planeta. Los miembros de los equipos provienen de distintas culturas, hablan diferentes idiomas, no viven en las mismas zonas horarias y reciben sus pagas en diferentes monedas.

Por supuesto, la tecnología es lo que ha hecho posible esta clase de trabajo en equipo global. Con suerte ella la ayudará a funcionar.

La era del *groupware*

En tecnología, es difícil encontrar una frase que implique tanto y connote tan poco como la palabra *groupware*. El *groupware* es el software de los grupos. Hasta la fecha, sus productos han abordado dos problemas principales: controlar el flujo de trabajo (los procesos) y regular el contenido laboral (la substancia), o una combinación de ambas cosas.

En ocasiones, se diseñan softwares corrientes, como WordPerfect y Lotus 123, como *groupware*. Una vez que están cargados en una red, cada persona puede acceder a los archivos de otro. Pero eso no los convierte en *groupware*. Para ser un verdadero grupo, las personas tienen que formar un equipo, añadiendo valor a los esfuerzos de los otros de manera continua. Un grupo de empleados que comparten un disco duro, una base de datos y un procesador de textos no satisface la definición de equipo.

Existen cuatro clases distintas de *groupware*, descriptas según el momento y el lugar donde se emplea cada una. Ellas son:

= *Mismo momento/mismo lugar*. La reunión convencional –los miembros sentados en una sala conversando– y el arquetipo de la tecnología mismo momento/mismo lugar[1].

Pero en la nueva era que asoma, el significado convencional de las juntas se está transformando por la posibi-

---

[1] La primera vez que encontramos esta definición fue en un informe del Groupware Users' Project, 1989. Nada logrará igualarlo en precisión y claridad.

lidad de realizarlas en diferentes lugares y momentos. Y el factor que permite que esto ocurra –en realidad lo que lo fuerza a ocurrir– es la querida tecnología.

Una de las aplicaciones más interesantes del sistema mismo momento/mismo lugar son los programas de juegos como *America's Funniest Home Videos*, durante el cual la audiencia presente en el estudio vota –a través de un teclado instalado en sus sillas– cuál de los vídeos considera mejor.

Otra herramienta de este tipo son los sistemas de juntas electrónicas que permiten a los equipos pensar, planificar y decidir juntos. También están los productos "Arizona Room", laboratorios multimedia de decisión y planificación utilizados para realizar sesiones creativas, análisis específicos, fijación de prioridades y formación de políticas. Conectadas a través de un ordenador, diez personas pueden crear juntas un documento o un plan de acción. Es realmente notable.

También están los programas de juntas a través de *laptop*, con los cuales los equipos pueden poner en orden sus ideas, establecer sus prioridades y luego votar por cualquier medida que deba tomarse.

= *Mismo momento/diferente lugar.* Ésta es una tecnología que permite a la gente comunicarse en el acto a la distancia. Fue el milagro de otras épocas: el telégrafo, el teléfono, los equipos de radioaficionados. Entre los desarrollos más recientes se cuentan: el vídeo en dos direcciones, las pantallas compartidas, las teleconferencias y los fax que se responden de inmediato.

= *Diferente momento/mismo lugar.* Estos son los programas en que los miembros pueden conectarse en el lugar, cuando ellos lo decidan. Cualquier sistema de *input* múltiple, las veinticuatro horas. Una nota fijada a la silla del empleado que ocupa su escritorio en el turno siguiente al suyo. La oficina misma, con todos sus libros, herramientas y sistemas de apoyo, es una tecnología que coincide con esta definición.

Uno de los primeros sistemas electrónicos que se alejó del método mismo momento/mismo lugar también fue uno de los más significativos: redes que funcionaban en un solo sitio, como el caso de una planta donde los tres turnos de trabajadores debían mantener una comunicación constante, las veinticuatro horas. La solución, ensayada por primera vez en los años '60, fue el comienzo de lo que llamamos e-mail. Al utilizar un sistema de comunicaciones interno como el Lotus' cc:Mail o el Microsoft Mail, la gente de un gran complejo corporativo ya no tuvo que reservar una sala de conferencias para reunirse.

= *Diferente momento/diferente lugar.* Por supuesto, muy pronto el trabajo en red dejó de utilizarse en un solo lugar. Al hacerlo pavimentó el camino para el desarrollo de sistemas informáticos para grupos como Lotus Notes, una poderosa herramienta de mensajes, planificación y organización. Notes es la encarnación de toda una era de productos *groupware* que reúnen a los equipos más allá del espacio y del tiempo. Pero, a pesar de ser flexible y fácil de usar, Notes todavía representa la punta del iceberg en lo que se refiere a las nuevas tecnologías.

Otros ejemplos: Voice Mail, Sistemas de boletines electrónicos (BBS), servicios online como America Online, Prodigy y Compuserve. Internet Gateways. Fax a los que uno responde pero no de inmediato, como los que se despachan desde otro hemisferio la noche anterior.

Éste es el material de *groupware* más publicitado, pero las tecnologías todavía son nuevas. Cuando se comprenda mejor su potencial, habrá un gran cambio en la manera en que los equipos usan los ordenadores.

¿La tecnología funciona?

Decidir qué tecnología es mejor para su equipo es una gran pregunta, cuya respuesta incluye todo lo que existe en el mercado actual, desde programas de software, bases de hardware y teléfonos/fax hasta lápices y gomas de borrar. No podemos enumerarlo todo. Pero podemos averiguar si la tecnología que usted está utilizando contribuye con el funcionamiento del equipo, o lo obstaculiza.

Las redes de PC constituyen la mejor manera de delegar autoridad. En forma ideal, permiten que integrantes alejados unos de otros compartan la información las veinticuatro horas del día. Liberan a los individuos de las arduas tareas rutinarias, y les permite utilizar otros sectores de su cerebro. Una combinación perfecta de teléfonos, fax, ordenadores, modem y software de grupos puede proporcionar un nivel notable de logros para su equipo. Pero también es posible que no cuente con la combinación indicada.

= *¿Su equipo maneja el sistema del ordenador, o el sistema del ordenador maneja a su equipo?* Usted quiere que su gente funcione como adulta, que no rompa a llorar porque no encuentra la manera de hacer funcionar el programa. Un buen sistema es aquel que permite a las personas acceder a lo que necesitan, cambiar lo que debe cambiarse, sin necesidad de llamar a un experto. A medida que su proceso evolucione, el sistema debería evolucionar con él. El problema es que la mayoría de los sistemas siguen siendo demasiado difíciles de usar.

= *¿El equipo es realmente más productivo, o sólo parece muy ocupado?* Las estadísticas laborales indican que la automatización de las oficinas generó el repentino aumento de productividad en 1994. La reducción de personal, el trabajo en equipo y la eliminación de los supervisores son los vástagos de este aumento. Pero no todas las actividades se realizan en pantalla. Muchas funcionan mejor a la antigua: calendarios de papel, anotadores amarillos y lápices N°. 2.

= *¿Las cuestiones de seguridad anulan los beneficios de su red?* Los equipos prosperan en un ambiente de confianza. Se supone que su tecnología debe poner a la gente en contacto constante a través del correo electrónico, los datos compartidos y las conferencias por ordenador. Si existen demasiados niveles de "palabras clave", una actitud obsesiva sobre la seguridad de los datos, las personas se apartarán unas de otras y su equipo volverá al casillero número uno.

= *¿Los miembros del equipo están bien entrenados, o se los arroja a la piscina para que naden o se ahoguen?* La mayoría de los integrantes de un equipo necesitan instrucción, y no sólo en el trabajo. Microsoft Excel, Lotus Notes e Internet no son ideas intuitivas, independientemente de lo que su consultor tecnológico le haya dicho. Una mala instrucción engendra la ineficiencia y el error. Algunas organizaciones han tenido éxito designando a los trabajadores más expertos en los principales programas como instructores de los integrantes nuevos.

= *¿Las sugerencias del equipo son bienvenidas, solicitadas, recompensadas?* A las organizaciones les conviene convertir a los miembros de equipos en pararrayos para las mejoras de procesos, incluyendo los tecnológicos. Si alguien se acerca con sugerencias para usar el software con más eficiencia, escúchelo y difunda la idea.

= *¿Las mejoras en las comunicaciones están confundiendo a la gente?* Se puede tener demasiado de algo bueno. Muchos equipos han adoptado con alegría los sistemas de avanzada, pero quedaron abrumados por el torrente de mensajes recibidos. Ahora los suscriptores de Internet se quejan porque, antes de poder ponerse a trabajar en una tarea, tienen que abrirse paso entre 100 mensajes de e-mail.

La tecnología también puede socavar el sentimiento de equipo. Los ordenadores son muy útiles para los grupos esparcidos en una zona muy amplia, pero pueden hacer mella sobre los que trabajan en el mismo edificio. El correo electrónico es fantástico, pero no existe nada que supere a una buena conversación frente a frente. No existe un café o una tertulia virtual (todavía).

= *¿La libertad ha conducido al caos?* Un miembro del equipo empieza a trabajar desde su casa, comunicado a través del ordenador. Hasta cierto punto ahora es su propio jefe, pero no por completo. ¿Cómo hace usted para que estas personas sigan conectadas con los objetivos del equipo? ¿Su compañía ha ideado un plan para que todos estos llaneros solitarios no se alejen al galope en distintas direcciones?

Lo que antes solía ser un equipo de personas que trabajaban de 9 a 17 en la misma caja de zapatos, ahora se ha convertido en una confusa colección de individuos de todas clases, que trabajan a cualquier hora del día o de la noche. En estas condiciones, los trabajadores requieren más atención, y no menos.

= *¿Su sistema de ordenador es un sustituto del verdadero cambio?* La bendición de los ordenador es que liberan a los empleados de las rígidas jerarquías: "Haz esto y no preguntes". Pero también funcionan bien en las estructuras a la antigua. "La explotación de los ordenadores" también existe. Sólo porque su equipo trabaja con la última tecnología de redes, no suponga que ahora todos saben que pueden pensar. Procure que sus ordenadores sean clones y su gente sea gente.

Zambullirse en la tecnología

Existen varias preguntas persistentes respecto del *groupware*. La principal de ellas es: "¿Nuestro grupo lo necesita?" La mayoría de los equipos conocen sus fallas de comunicación, y tienen una idea bastante clara sobre el papel que juegan las herramientas tecnológicas en ellas. Pero a menos que hayan leído un artículo apasionado sobre Lotus Notes, Microsoft Mail o alguna nueva tecnología de vídeoconferencias, lo que se exhibe en las librerías parece excesivamente complicado, pesado y difícil de leer. Por no mencionar su precio.

Hemos observado que las tecnologías para equipos raras veces son solicitadas por el equipo en cuestión; por lo general son impuestas por la organización. No existen muchos grupos de ocho o doce miembros que puedan solicitar un programa como Notes, que cuesta varios miles de dólares. Pero muchas compañías deciden que, de allí en adelante, todos sus equipos estarán unidos a través de Notes (o MCI Mail, o algún sistema BBS casero).

Tal como hemos sugerido antes, al imponer las soluciones a los equipos, socavamos la misma flexibilidad que les pedimos. ¿Cómo pueden hacer lo que se espera de ellos si les servimos todo en una bandeja?

Muchos equipos cuentan con un subgrupo encargado de controlar la tecnología en desarrollo y de recomendar las compras. La suya es una tarea difícil, ya que deben recorrer un campo minado de paradojas:

- estar al día con la nueva tecnología, sin superar el presupuesto del equipo,
- sugerir sistemas completos y flexibles, sin que lleguen a ser demasiado complicados como para que la gente los aprenda,
- sugerir sistemas que cumplan con las tareas que ne-

cesita el equipo, sin convertirse en bastones o eclipsar el trabajo.

Estas paradojas pueden ser asesinas. La triste verdad es que, aunque las tecnologías para equipos suelen ser fantásticas, la gente todavía no maneja con soltura las herramientas, y desperdicia un tiempo precioso en aprender a dominar sistemas que no cumplen los requisitos o son demasiado difíciles.

Nuestro consejo para los subgrupos que compran tecnología es investigar y adquirir sistemas con el mismo espectro de intereses que aborda el resto de este libro. Un buen sistema –ya sea que se trate de un bolígrafo retráctil o de una red para el área local– debe generar y mejorar:

- la claridad,
- la comunicación, y
- la confianza.

Las tecnologías por venir

Tenemos un sueño que es más o menos así: un equipo de diez miembros está disperso. Tres de ellos están en las oficinas centrales de Chicago, trabajando en investigación de productos. Otros cuatro están empleados en cuatro sociedades corporativas diferentes: una es distribuidora en Columbus, dos son subcontratistas de producción en la ciudad de México y Filipinas, y el cuarto está semirretirado y trabaja desde su casa en Ketchikan, Idaho. El equipo se completa con el profesor londinense que ha desarrollado la idea en que trabaja el grupo, un genio del marketing de San Francisco y el patrocinador, en Osaka, Japón.

En las instalaciones corporativas hay ordenadores en red y muchas máquinas. Desde la oficina central de la división es posible comunicarse a través de vídeoconferencia con la casa matriz en Japón. Hace un par de años esto era toda una tarea: ambos grupos tenían que trasladarse al estudio de vídeo y sentarse frente a las cámaras para conversar. Pero ahora cuentan con pequeñas cámaras montadas en las esquinas de sus Mac y sus ordenador. La imagen es un poco rígida y titila un poco, pero cualquiera puede llamar a alguien y en un instante mantener una conversación en vivo mediante la pantalla de su ordenador.

Las oficinas de México y Londres también pueden engancharse en la misma llamada. Resulta especialmente valioso para que los miembros del equipo se conozcan las caras, porque en realidad nunca se han encontrado. A pesar del nerviosismo del comienzo, el hecho de verse los rostros contribuye a romper el hielo y después de un tiempo las charlas se vuelven mucho más animadas e interesantes.

Los diez integrantes cuentan con la posibilidad de enviar fax a todos los demás. Pueden hacerlo directamente desde el ordenador, a través de un modem fax, o enviar por el fax común un mensaje impreso o la fotocopia de un documento. Esto resulta de especial utilidad para la gente de Londres y Japón, que no suelen estar conscientes a la misma hora del día. El fax les permite comunicarse en el lapso de unas pocas horas.

Los modem fax también son útiles para conectar servicios on-line. La oficina de Japón está suscripta a MCI Mail. Columbus tiene America Online. Chicago y Japón, CompuServe. El sujeto de Ketchikan, allá en su cabaña de las montañas, usa un pequeño ordenador laptop y un teléfono celular conectado sin cable a Internet en Coeur d'Alene. Con esta abigarrada colección de servicios on-line, los diez integrantes del equipo pueden enviarse memos diarios sobre los problemas que enfrentan, y versiones editadas de sus respectivos documentos.

Los miembros de las grandes ciudades pueden aprovechar servicios extra de información que manejan enormes cantidades de datos. Si trabajan con los datos de texto en bruto, pueden cargar y despachar todo el directorio telefónico de Los Ángeles en unos pocos minutos. Por este medio también pueden pasarse toda una película, o documentos multimedia con vídeo en vivo, animación y pista de audio. (No hacen todas estas cosas, pero podrían si lo necesitaran.)

Tal vez el equipo decida que existe demasiada demora si utiliza Internet y otros servicios, o que necesita un mecanismo que exceda las simples capacidades de memo o el envío de documentos multimedia estáticos. ¿Y si quisiese realizar verdaderas reuniones con gente de todo el mundo?

Todos podrían poner sus relojes despertadores a cierta hora, levantarse y hacer una llamada en conferencia. Una secretaria tomaría nota de la conversación y de las decisiones tomadas. O podrían comunicarse mediante el último tipo de sistema electrónico de reuniones, que permite que las "juntas" se realicen fuera del tiempo real, organiza elecciones, registra las ideas de todos y permite que los miembros establezcan prioridades y voten los temas en cuestión. Todos ingresan la información a través del teclado; cada uno ve los comentarios de los demás en su propio monitor.

Sí, los asiáticos y europeos votarían más tarde o más temprano que los norteamericanos. Pero tendrían la misma protección que los demás: los resultados sólo serían anunciados después de que todos hubiesen votado.

Lo que nos resulta notable de todo esto es que no se trata de una novela de ciencia ficción, de una utopía que todavía no hemos alcanzado. Puede hacerse hoy, con la tecnología de comunicaciones que existe. Las personas ya lo están haciendo, en organizaciones que no son nada fuera de lo común.

No obstante, esto no implica que estos grupos no sufran los mismos problemas que todos los demás. La tecnología sólo puede hacer algunas cosas por ellos. Puede acelerar las comunicaciones, facilitarlas y mantener despejado el camino. Pero el equipo sigue siendo un equipo, no importa cuánto hardware y software posea, y está supeditado a todos los defectos humanos que se encuentran en cualquier otro equipo.

Un ordenador no logrará clarificar una noción confusa. Eso es algo que sólo nosotros podemos hacer.

Para los equipos que utilizan la alta tecnología y se comunican a nivel internacional, nuestra prescripción es que se propongan, tal vez un par de veces al año, comprar billetes de avión y volar hasta alguna parte donde todos puedan conocerse en carne y hueso.

Lleve un traje de baño y convierta el viaje en vacaciones.

CAPÍTULO 24

SALUD A LARGO PLAZO

El equipo bien afinado

Y así nos acercamos al final de nuestro viaje con los equipos. Hemos identificado los problemas, las confusiones y los errores de concepto que han impedido su buen desempeño. También hemos tomado medidas para hacerlos funcionar como debieran. Ahora su equipo es una máquina bien aceitada.

Pero, por supuesto, el viaje no termina aquí. Después de lograr que su equipo esté en buena forma, tiene que buscar la manera de mantenerlo de ese modo y evitar que se deteriore. Usted querrá que su equipo siga alerta y vigilante, aunque ya haya experimentado un éxito sólido y haya recibido el reconocimiento que se merece.

Un cliché deportivo: por más difícil que resulte ganar una vez, es mucho más difícil seguir ganando año a año.

Reorientación automática

¿Cómo hace un equipo para sobrevivir al éxito? Debe procurar mantener el mismo nivel de atención sobre sus propios procesos que cuando trataba de alcanzar el éxito por primera vez. El punto de referencia es la mejora continua, lo que los japoneses llaman *kaizén*: la idea de que los procesos pueden mejorarse infinitamente.

La mejora continua es la manera más conveniente de

pensar en el modo en que los grupos externos –clientes finales, clientes internos, otros equipos, la empresa en general– reciben la producción de un equipo. Aquí proponemos una práctica paralela llamada claridad continua: una actitud siempre tendiente a ser el mejor equipo posible.

La razón para la claridad continua: las cosas cambian. Las condiciones que existían seis meses atrás, cuando el equipo disfrutaba de un éxito evidente, han dado paso a otras nuevas: el mercado, la organización o el equipo mismo han cambiado. El peligro es que, al cambiar las condiciones, el equipo pierda coherencia consigo mismo. Si los negocios viajan en una montaña rusa, usted querrá que su equipo esté en la misma fila de coches, y sobre la misma vía.

La claridad continua –cuidado con este acertijo zen– significa que usted está *constantemente reclarificando la claridad lograda en un principio,* durante el nacimiento del equipo. No alcanza con que los miembros se reúnan el miércoles 12 de febrero y comprendan profundamente sus objetivos y su visión. Tienen que trasladar esa comprensión al día siguiente, y al otro. Deben tener una claridad permanente sobre:

1. objetivos de alta prioridad asociados con tareas a corto plazo;

2. responsabilidades;

3. obstáculos y estrategias para superarlos;

4. cualquier cuestión interpersonal que deba tratarse;

5. cualquier modificación necesaria en la estrategia de liderazgo;

6. sugerencias para mejorar la comunicación interna y externa del equipo.

Claridad continua implica enumerar constantemente los elementos que conducen al éxito, preguntarse si funcionan o si necesitan atención. Preguntamos si tenemos los recursos necesarios. Si no es así, ¿cómo obtenerlos? Si no podemos obtenerlos, ¿cómo arreglárnoslas sin ellos?

Son indispensables para la supervivencia del equipo algunos auxiliares:

- **Patrocinador.** Éste es el ángel del equipo, la persona que nos elimina las interferencias. ¿Está al tanto de nuestra situación actual, de nuestros problemas o necesidades? ¿Qué necesita saber para continuar ayudándonos?
- **Defensores.** Son los individuos de alta jerarquía en la organización, los que concibieron la idea que nos reúne, los que nos ayudaron a empezar. ¿Están abiertos los canales hacia ellos? ¿Todavía son nuestros amigos? ¿Qué necesitan saber para continuar ayudándonos? ¿Qué necesitamos saber nosotros?
- **Facilitador.** Es el mediador externo, ya sea porque no pertenece al equipo o porque ni siquiera está en la empresa. Esta persona posee la mirada objetiva para ayudarnos a ver lo que no podemos ver. ¿Estamos en contacto? ¿Qué piensa él?
- **Líderes.** ¿Los líderes nominales y los de facto están sincronizados con el equipo? ¿Qué temas consideran importantes? ¿Enfrentan algún problema sobre el cual todavía no han informado al resto del equipo?

Sin esta continua reclarificación, la visión decae y, a pesar de sus buenas intenciones, el equipo se disuelve. Algunos miembros pueden seguir en la pista de la montaña rusa, pero otros se han apartado y ya viajan alegremente en otro tren. Y eso es malo. Interesante, pero malo.

Claridad continua significa que un equipo debe adoptar una actitud de diagnóstico permanente sobre sí mismo. ¿Recuerda el cuadro al principio del libro, donde se mostraban los errores y las posibles soluciones para los equipos? Al comprometerse con mantener la claridad continua sobre la excelencia del equipo, usted debería recordar bien ese cuadro. Porque todo el tiempo tendrá que pensar en las diversas cosas negativas que pueden pasar. De ese modo logrará impedir que se produzca un estancamiento o podrá detectarlo lo antes posible, de forma de resolver la situación de inmediato.

Los cuadros en las páginas 273 y 274 enumeran las dificultades que pueden enfrentar los equipos, junto con un plan de acción:

- ¿Dónde estábamos un año atrás? (Escala 1-7)
- ¿Dónde estamos ahora? (Escala 1-7)
- ¿Dónde queremos estar dentro de un año? (Escala 1-7)

Cuando tenga dudas sobre la claridad de su equipo, en cinco minutos el cuadro le permitirá tener un diagnóstico para identificar dónde se producen los problemas, identificar los objetivos que no se cumplen e impulsar al equipo para planificar las soluciones. Use este cuadro o confeccione otro con los problemas más frecuentes de su equipo. De esta manera evitará que el grupo se aleje demasiado del camino elegido.

Peligros en el diagnóstico

Sentimos la necesidad de hacer una salvedad:

Es bueno cultivar una actitud diagnóstica
para mantener la claridad continua.
Es malo enamorarse de la idea.

Salud a largo plazo		
Problema	**Dónde estábamos hace un año (Escala 1-7)**	**Dónde estamos ahora (Escala 1-7)**
Necesidades que no concuerdan		
Objetivos confusos		
Roles sin resolver		
Malas políticas, procedimientos estúpidos		
Mala toma de decisiones		
Conflictos de personalidad		
Mal liderazgo		
Visión nublada		
Cultura antiequipos		
Déficit de comunicación		
Sistemas de recompensas mal concebidos		
Falta de confianza en el equipo		
Renuencia a cambiar		
Herramientas		

Salud a largo plazo (cont.)		
Problema	**Dónde queremos estar dentro de un año (Escala 1-7)**	**Anotaciones sobre el plan de acción ¿Qué haremos para llegar?**
Necesidades que no concuerdan		
Objetivos confusos		
Roles sin resolver		
Malas políticas, procedimientos estúpidos		
Mala toma de decisiones		
Conflictos de personalidad		
Mal liderazgo		
Visión nublada		
Cultura antiequipos		
Déficit de comunicación		
Sistemas de recompensas mal concebidos		
Falta de confianza en el equipo		
Renuencia a cambiar		
Herramientas equivocadas		

Por lo general en el equipo hay alguien afecto a la clase de pensamiento circunspecto y juicioso que requiere el diagnóstico permanente. Esta persona es un poco diferente de los demás. Es posible que se preocupe demasiado, pero tiene aptitudes para ver el panorama general e identificar las pequeñas variaciones en la conducta del equipo.

Algunos grupos no tienen un miembro que coincida con esta descripción. No son capaces de designar a nadie para que controle la claridad, y les cuesta mucho trabajo mantenerse orientados. Otros equipos tienen el problema opuesto: uno o más integrantes se enamoran de la tarea de diagnosticar. Están bendecidos con la capacidad de ver cuando el grupo empieza a descarrilarse, y esa bendición se convierte en una maldición. Dedican todo el día a detectar discrepancias, a gritar *¡ajá!*, y por lo general confunden al equipo más de lo que estaba hasta entonces.

Lo llamamos sobrecarga de diagnóstico. Se produce cuando la intención de lograr claridad se convierte en una distracción. Uno puede escucharlo en los fervientes aforismos del movimiento de calidad total: "Si no está roto, rómpelo", o "No apagues un incendio si puedes prevenir que se produzca".

Estas personas están demasiado enamoradas de la claridad. Su ego y su autoestima están abocados a detectar las menores variaciones. Consideran que en el equipo ideal todos deben estar obsesionados con la idea de autocorregirse. Sin embargo, la realidad indica que los incendios forman parte de nuestro trabajo, y cuando están ardiendo, lo mejor es apagarlos, no detenerse a meditar sobre la belleza de la prevención.

Crear una organización capaz de aprender

Para los equipos, hoy lo importante es explotar los conocimientos y la inteligencia de su gente. Para los equipos, con el correr del tiempo lo importante es que ese conocimiento e inteligencia crezcan y se multipliquen. De esto se trata el aprendizaje.

No existe ninguna fórmula para crear una organización capaz de aprender. Por desgracia, cómo y qué aprender también forma parte del proceso de aprendizaje. El gurú del tema, Peter Senge, identifica cinco dimensiones de aprendizaje que cada individuo, equipo y organización puede empezar a dominar. Parten de identificar nuestros hábitos y rasgos de liderazgo, y luego proceden a mejorarlos o reemplazarlos con características que estimulen la investigación en lugar de impedirla.

° **Generar una maestría personal.** Los equipos son grupos de individuos que, antes que nada, actúan por sus propias razones personales. Cuando aprendemos, ampliamos nuestra capacidad de ver, comunicar y comprender. Cuando por fin tenemos el poder de articular qué queremos ser y hacer, nos volvemos más resueltos y generamos un ambiente de compromiso.

° **Hacer surgir los modelos mentales.** ¿En qué decimos creer, y en qué creemos realmente? Para aprender, primero nuestra mente debe librarse del montón de supuestos y paradigmas que nos llevan a cometer los mismos errores una y otra vez. Al permitir que sobre nuestros modelos mentales emerja el modo de ser de las cosas, finalmente podemos criticarlos y reemplazarlos por modelos más verídicos.

° **Construir visiones compartidas.** Resulta vital ir más allá de "el objeto de visión", según el cual el líder convencional describe la imagen y todos los demás marchan tras él. El equipo entero debe participar en la creación de una nueva visión, manifestar lo que cada miembro desea crear junto a los demás, como individuo y como integrante del grupo. Nuestras imágenes comunes del futuro se convierten en la visión de la organización.

° **Aprendizaje en equipo.** La maestría personal es buena, pero nuestro objetivo es la pericia conjunta. Aprender a solas es importante, pero hacerlo con otros lo es todavía más. Nuestra capacidad para hablar, escuchar y pensar debe ser fomentada para generar una verdadera inteligencia de grupo.

° **Concepción de sistemas.** La concepción del panorama general como sistema nos permite superar la simple absorción de datos, los silogismos, y considerar a las ideas como "historias": el drama de lo que conocemos, del lugar adonde pretendemos llegar. La concepción de sistemas implica que somos adultos capaces de ver cómo se interrelacionan las cosas, como así también de usar nuestra inteligencia y la información compartida para mejorar el sistema. Con el tiempo discriminamos los modelos del sistema del cual formamos parte, y aprendemos el lenguaje de causas y efectos interconectados.

En ocasiones, las personas igualan información y conocimiento. Deming traza una distinción importante entre ambos. Información es lo que abunda en el mundo: datos, hechos, palabras en los libros, bytes grabados en almacenamiento electrónico. La información es buena y resulta indispensable para completar muchas tareas.

Pero no es posible contar con toda la información que necesitamos, aunque leamos cada libro, recorramos el Internet entero y veamos cada canal de nuestro televisor. Con el tiempo tendremos que decir *basta* a la avalancha de información que nos abruma constantemente.

Es allí donde entra el conocimiento: un punto de vista sobre la información, una teoría que la encuadra. Se produce en nuestro interior, y sólo allí. Es la transformación mágica que nos convierte en humanos, que nos permite cambiar. Inhalamos información y exhalamos conocimiento.

CAPÍTULO 25

EPÍLOGO

Sin duda, a juzgar por los muchos libros y equipos que compiten en el mercado, los equipos son una moda. Sin embargo, son una moda fatídica. Todo el alboroto acerca de que constituyen la ola del futuro es cierta. Los equipos individuales pueden disolverse, barajarse o ser transformados en una nueva entidad. Pero la idea de los equipos no va a desaparecer. Simplemente no sería posible volver a los viejos tiempos con sus múltiples niveles de supervisión.

Considerando la inevitabilidad de ello, ¿no deberíamos tratar de formar buenos equipos?

Empezamos este libro prometiendo que no sería otro texto con palabras bonitas sobre los equipos. Éstos son problemáticos porque están formados por personas, y las personas son problemáticas.

Con sólo murmurar el mantra de los equipos, los libros llenos de palabras bonitas pretendían hacer desaparecer todos los espeluznantes duendes de las organizaciones: ineficiencia, baja productividad, confusión en los procesos, altos costes, exceso de personal, mal estado de ánimo, escasos beneficios sobre la inversión. Y, mágicamente los equipos superarían al viejo sistema. Todos se llevarían bien y no haría falta usar el detector de metales en las juntas de accionistas. Calidad sin lágrimas.

No existe nada parecido a la calidad, o a cualquier clase de mejora continua, sin lágrimas. En realidad éstas, que simbolizan la sinceridad, el compromiso y el afecto por las demás personas, constituyen el punto de partida correcto para una verdadera mejora.

Durante tantos años hablamos de "lo fundamental", refiriéndonos a los beneficios trimestrales, que ahora tenemos problemas para reconocer que existen varias cosas fundamentales. Durante nuestras noches de insomnio, en lugar de pensar en el precio de las acciones, podríamos preocuparnos por:

- si el líder del equipo realmente lidera,
- si el equipo comprende la visión de la organización o sus propios objetivos,
- si están siendo explotados el conocimiento y la inteligencia de cada miembro,
- si las personas que forman el equipo ven satisfechas sus necesidades personales.

Todas estas cuestiones no son abordadas por las escuelas de empresas. Y sin embargo, en el valiente nuevo mundo de equipos que se materializa a nuestro alrededor, son las cuestiones que mantendrán viva y competitiva a la organización moderna.

No es necesario que los miembros sean grandes amigos para formar un buen equipo. Dios sabe que cada uno tiene sus cascarrabias, sus idiotas, sus tipos raros y sus fanáticos. (Cuando lo piensa, ¿qué más hay allí?)

Pero podemos conocernos unos a otros y aceptar que así es como somos. Podemos comprender que, justo bajo la superficie, nuestras peculiaridades se esfuman y sólo somos personas, que trabajamos para resolver nuestros problemas individuales, que tratamos de mejorar las situaciones imperfectas. El psicoanalista Terry Warner habla sobre un "principio de agencia", mediante el cual cada integrante del equipo se convierte en un agente de todos los demás, encargado de la tarea de volver realidad los sueños de los otros.

Una mejor analogía que los amigos es la familia. Como los miembros de una familia, los de un equipo no suelen pedir estar juntos. Como todas las familias, los equipos tienen virtudes y defectos. Estallan peleas. Se encienden emociones.

Y así como las familias suelen unirse en tiempos de crisis, dejando a un lado sus dudas, lo mismo deben hacer los equipos. Pasamos tanto tiempo con nuestros compañeros como con nuestra familia, o más. Y los sueños de nuestra familia real suelen estar ligados a las aspiraciones del equipo que conformamos.

Todo es un círculo: necesidad, deseo y finalmente amor. Los equipos de más éxito que hemos visto estaban marcados por un sincero deseo de querer lo mejor unos para otros.

Si el movimiento de los equipos surgió de una ética, es la de que las personas no somos simples engranajes, como sugerían los diagramas de la vieja organización. Somos seres humanos. Por esto, con frecuencia, cuando el equipo empieza a funcionar mal, se produce nuestra propia ruina.

Pero cuando nos tomamos el tiempo para conocernos, para saber lo que cada uno oculta en su corazón y en su mente, nos elevamos a un nivel más alto. Podemos llamarlo amor, camaradería, espíritu de equipo o nada. Pero de una u otra manera, es necesario llegar allí. Es la gloria de trabajar juntos, y de hacer las cosas bien.

ÍNDICE TEMATICO

www.ingramcontent.com/pod-product-compliance
Lightning Source LLC
Chambersburg PA
CBHW072259210326
41519CB00057B/1908